破圈战略

重塑企业增长法则

李国华 著

中国财富出版社有限公司

图书在版编目（CIP）数据

破圈战略：重塑企业增长法则 / 李国华著. — 北京：中国财富出版社有限公司，2022.12

ISBN 978-7-5047-7844-4

Ⅰ.①破… Ⅱ.①李… Ⅲ.①企业战略—研究 Ⅳ.①F272.1

中国版本图书馆CIP数据核字(2022)第254104号

策划编辑	杜　亮	责任编辑	张红燕　郑晓雯	版权编辑	李　洋
责任印制	梁　凡	责任校对	卓闪闪	责任发行	董　倩

出版发行	中国财富出版社有限公司		
社　　址	北京市丰台区南四环西路188号5区20楼	邮政编码	100070
电　　话	010-52227588 转2098（发行部）	010-52227588 转321（总编室）	
	010-52227566（24小时读者服务）	010-52227588 转305（质检部）	
网　　址	http://www.cfpress.com.cn	排　版	宝蕾元
经　　销	新华书店	印　刷	宝蕾元仁浩（天津）印刷有限公司
书　　号	ISBN 978-7-5047-7844-4/F·3623		
开　　本	710mm×1000mm　1/16	版　次	2024年1月第1版
印　　张	16.75	印　次	2024年1月第1次印刷
字　　数	218千字	定　价	59.80元

版权所有·侵权必究·印装差错·负责调换

推荐序

这不是一部传统意义上的战略管理书籍。如果你想了解常规的战略规划该怎样做，估计你会失望；如果你是想学习"套路"，如企业内外部分析、企业战略目标如何设定等方法，你的收获也不会太多。

近百年来，战略管理理论史基座已经夯实，西方的学界、企业界、管理咨询界精英，经过长期不懈的努力，构建起了一片枝繁叶茂、系统领先的战略管理丛林。将战略从军事引入企业经营分析的伊戈尔·安索夫，提出基本竞争战略的迈克尔·波特，正式将组织与战略相关联的艾尔弗雷德·D.钱德勒，发现了业务优化组合的波士顿矩阵（BCG矩阵）的波士顿咨询公司创始人布鲁斯·亨德森，践行多元化战略的同时联合麦肯锡开发了GE矩阵的美国通用电气公司……这些人（或公司）及其战略管理理论影响甚大，价值无可辩驳，已成林中巨乔，仰之弥高；又如海上灯塔，指引迷航。如今已形成一套相对成型的战略规划方法，被广泛应用。

战略管理学是不是就此固化了呢？也不是。理论是灰色的，实践之树常青。作为战略学界的集大成者，亨利·明茨伯格就曾在《战略规划的兴衰》中抨击战略计划论，认为存在着预测的谬误、分离的谬误、形式化的谬误。相比成熟市场，新兴市场有着巨大的环境差异，在学习模仿、吸收改进西方理念的同时，国内也产生了华为的 BLM 战略管理模型、华润的 6S 战略管理体系、和君的 ECIRM 战略模型、产融互动曲线模型和 SMART 产业分析模型等，影响渐广。应该说，战略贴合本土实践的路途漫漫，尚需上下而求索。

身处百年未有之大变局，商业竞争变得越来越多元，产业跨界融合、竞合和增长变速成为新常态，企业怎样才能紧扣时代脉搏，不支离、不迷失、不躺平、不掉队呢？李国华从其 18 年的管理咨询商业实践中拎出了两个字"破圈"，原因有二。一是参观中国地质博物馆，对着展板，发现星球圈层分化的演进逻辑和产业、企业的生命轨迹如出一辙。地质时间以百万年为计算单位，岩层自我加压，内部一点点积攒变革的力量；而商业时间以时分秒为单位。无论是地质时间还是商业时间，都会累积至突变的"临界点"。二是彼时正实施的某央企战略咨询项目，客户企业中高素质专家人才济济，明确提出不让咨询项目组编制战略报告，而是自己做，咨询师随时答疑解惑。直至某日，客户突然提出希望项目组独立提出一套规划思路，李国华等人很快撰写了一份基于企业转型升级的破圈战略报告，且并未依循常规战略编制套路。这引发他更多的思考。

破圈，由言及意，就是突破舒适圈；破圈战略，就是发展动力不假外借，从自我的深处，守住并延展能力边界，形成更本质的战略，内部实现新结构、新模式，外部建立新链接、新关系、新网络。

破圈的实质是变革。企业战略规划的体例结构，基本沿袭"内部环境分析、外部环境分析、战略定位、发展模式、实施策略、实施路径"的编制步骤，《破圈战略》揭开了这些词汇的表层，由外向内、从战略到执行做了一次"穿刺"，不是表面性的例行战略，而是试图扼住穿透式的战略灵魂。

请看：

企业内外部环境分析方面：更本质的战略，不是执着于从内外部环境做对未来的预判，而是从自我的深处，"回到企业元命题，守住内核、回归经营本质，突破外核、突破增长瓶颈，从企业战略核心处出发，实施战略性增长和本源性突破"。

战略定位方面："产业发展的特征已经不是简单的复合化，每个裂变的技术本身和多元跨界业务的结合，组合成了多维产业。""空间已经打开，超乎想象的规模能级、复杂化创造价值的企业生态纷纷涌现。""顺应'从多产业交融中探寻企业边界'，企业的战略定位要从一维定位走向多维定位。"

发展模式方面："重新发现优势，找到企业的战略发力点，战略发力点就是'出血点'，企业模式突破就是营造多个'出血点'。"

策略方面："一是从内向外打破，发挥破圈价值；二是从外向内吸引，建设吸引力系统。"

企业核心竞争力方面："很多成熟企业由盛转衰的原因，就是把曾经的竞争优势当作自身的核心竞争力。""企业通向'链主'之路的能力是核心竞争力，也是多维竞争力。""多维竞争力的实质是穿透多层消费的核心能力。"

……

生活不是教材，我们不能将企业战略制定者（企业家）抬高至一个全知全能的地位，假设其已经有足够的能力收集全面的产业及市场信息并有高超的洞察力，从而制定出超越竞争对手的战略，但我们仍然可以帮助其贴近战略本质，发掘不确定时代的企业战略确定性、敏捷性和实干性，就像《破圈战略》的主旨，"破除繁缛体例，直指战略核心，战实一体增长"。

怎样看待《破圈战略》这样充满新鲜感的专业书籍？在不断变化的经营环境中，保持独立思考，不被知识捆住手脚，不断探析事物的本质，从本质透视现象，就像中国人常说的"授人以鱼不如授人以渔"。授人以渔，思考的是解决问题的方向，而不是东一榔头，西一棒槌。叔本华认为，每个真正独立思考的人，在其精神领域内全然是位君主。时代应该鼓励独立思考的人。以此来看，如果你是不甘平庸、重视独创性的工作、寻找既要扼守能力圈又要拓展事业边界的机会的企业或个体，这本《破圈战略》可作良师益友。

和君咨询2000年成立，从单一的管理咨询到"一体两翼"（以管理咨询为体，商学和资本为两翼），现在又建设和君小镇，筚路蓝缕，以启山林，把高等职业教育办到乡村振兴的第一线，这不就是破圈吗？君子务本，本立而道生，这个"本"，是人生如莲般绽放的根和本，是守住内核、守住经营本质的根和本，是管理咨询的洞察先机和企业的锐意实践相结合的根和本，也是延展人生和事业经营边界的根和本。这同样是破圈战略。

重思考，有目标，沉住气，踏实干。专业原创，开卷有益，谨此推荐！

和君集团董事长、和君商学院院长
2023年10月15日于和君小镇

前　言

一、两种时间

那年夏天，当我带着小朋友两次进入中国地质博物馆参观的时候，墙上一幅幅的展板、冰冷貌似无生命的石块，似乎带着时空的密码，一下子洞穿了我的心扉，清空了职业生涯中所见、所闻、所感的意识阻塞，让我很不适。我却又清楚那才是真实的，是对探近时空本质的反应。

我们从小到大接受的教育，是"小白兔式的教育"，看上去我们被保护得很好；我们走出高校的围墙，进入职场，在真实的工作节奏、人际关系中，不停地调适自己，很多人顺从于现实，很多人终其一生需要不停地心灵按摩；我们成家立业，每一件人生大事都是在突破过往的边界；我们老去，回归宇宙的尘埃，参与自然生态的建设。

我们做企业管理咨询，讲究"产业为本"，实质是拉伸到更大的产业时空维度，去俯瞰企业个体的变迁；百年未有之变局下，很多企业不景气，很多人开始关注宏观经济周期：康波周期、库兹涅茨周期、朱格拉周期……人生不止，学习不止，一个疑惑背后往往潜藏着更大的疑惑。直至伫立中国地质博物馆内，我猛醒到，那些周期都属于商业时间。

我清楚了，有两种时间，一种是商业时间，还有一种是地质时间。商业时间以分秒为单位，地质时间以百万年为单位。商业时间内，我们经历的很多场景、累积的经验及智慧，可能速朽，很难经受时间的洗刷，却被视为处世的底层逻辑，流行于世。

现在，商业时间统统被屏蔽在门外了。什么是真正的长期主义？怎样直指事情的本质，拆解、重组商业中既往的理论、经验以及实践，走出一条无限逼近地质时间本色的"直道"？

我真实地触摸到了数十亿年星球的进化脉络。一词以概之，叫"破圈进化史"。地球46亿年来最根本的运动，就是岩石自我加压下地核、地幔到地壳的圈层分化运动。以一句话囊括我们所处星球的地质演化过程，就是从低级的、原始的地质圈层，向生命所处的高级圈层的不断演进。

我真实地触摸到了圈层分化直至生命进化的核心关键词。我们居住的这颗星球的进化演变，是在向心力、离心力两种力的反复厮杀下，以能量、碰撞、侵蚀、绝灭等为关键词，跃升至"临界点"——高等智慧生命的出现。

我真实地感受到了地质时间与商业时间的同一性。星球演进的轨迹是赤裸裸的，撇去了虚乔和浮华。现实中，一旦剥尽商业企业的层层包装和华丽装饰，它们的演进轨迹与星球的演进轨迹如出一辙。

只有当你置身地质时间内，直观览视这一极其复杂漫长的演进过程，遮蔽会从内向外消融，过往根深蒂固的某些东西才会得到重新审视。

二、一次战略规划历程

时至今日，我还会感念2021年某能源央企的战略规划咨询项目。

前　言

该央企领导富有魄力，打破常规，项目内容是战略规划，却明确不让咨询项目组编制规划报告，而是领导亲自动手，带领各部门以周推进会的方式一轮轮打磨、完善。项目组做什么？随时答疑解惑，指导赋能。做了多年的战略咨询，那是大姑娘坐花轿——头一遭。

那种合作方式逼迫着咨询顾问真正走到企业背后，思考客户企业战略的本质命题。项目推进节奏非常快。我们每天和客户碰撞研讨，沟通前构建思路，在高密度沟通中验证假设、探讨出可行路径，会后还未来得及复盘，另一部门已如约而至。

极致的熵增，会走向极致的熵减。直至有一天，客户突然提出希望咨询项目组独立提出一套规划思路时，项目组经受住了考验。得益于每天的巨量信息积淀，剔除赘肉、滋长新肌，我们紧张思考并劳作了4天，就完成了一份20余页的规划报告，称之为"小规划"。

"小规划"直指战略核心。适应国家"3060"能源革命、企业战略要求，无论内容上有多少铺垫、多少举措，洞察客户企业战略转型升级的本质，就是要突破其所处圈层，内涵式与外延式增长并行，再造发展动能。以此为发端展开，我们通过一张示意图，高度概括了客户企业战略"从规划到实施"的战略逻辑、战略层次、引擎业务、增长结构、盈利模式、实施路径（见图1）。

好的战略源于洞察，一幅超拔的企业战略图景徐徐展开。很多话语、叙述方式，之前按部就班做战略规划时不会去想，这次顺理成章地喷涌而出，变得大有不同。

例如，我们识别了企业的战略"引擎"。何谓"引擎"？就是任何企业必定有突出的一两项业务，轻轻一牵，就能扯动全局。并不是当下贡献利润及现金流最高的业务，也不是"十四五"时

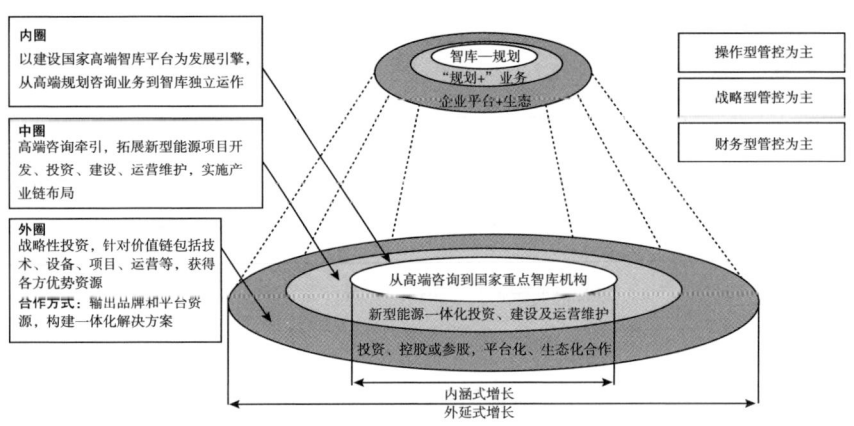

图1 客户企业破圈战略模式

期将要培育做大的明星业务,而是业务体量非常小、目前不挣钱的智库。

我们也由此细化了客户"十四五"的核心就是突破内、中、外三核,以及这三核中要突破的核心点,即战略发力点;由点及面,解决了内核、中核和外核的不同盈利模式问题,它们分别需要不同的组织管控方式;而后进入实施策略层面。

优质的客户和咨询顾问是互相成就的。一次穿透式的项目实践,指导并审视客户战略规划方案,就如同在审视咨询顾问过往各种战略规划项目、所触及企业战略的经验得失。我作为项目总监,一名从业10余年的管理咨询"老炮",受益良多,也由此触发了对战略规划体例、战略理论范式工具存在问题的思考,彻底冲破了我过往积聚的一些困惑。

三、破圈战略的得出

我收获了两个字:破圈。

"破圈",顾名思义就是突破自己的舒适圈。这两个字并不新鲜,相反,甚至处于被滥用的状态。例如,相声演员破圈成为电视剧演员,茅台、恒顺醋业等破圈进入冰激凌产业等。细究下来,艺人破圈,只是观众从小众人群突破到更广泛人群;某产品破圈,也仅是拥抱年轻化的客户群体和消费场景浅层次的融合。

这样的破圈,更多体现的是"破"——交流和融合,而不是"圈"——壁垒。因此无法称之为战略。

破圈的背后是变革。破圈上升为战略,不是简单地为破而破,而是破除壁垒,以更本质的战略,营造"长长的坡、厚厚的雪"。你看,在地质时间中,圈层分化实质是岩层的自我加压,内部积攒至变革"临界点"的力量。商业时间与之相比,相同的是演变轨迹,不同的只是计时单位。

破圈战略历经了高密度的客户考验和长期的思考,得来看似是因为一个咨询项目,背后则是10余年在企业一线以及不同行业的商业原生态沉潜,是厚积薄发的成果。过程中,对地质破圈进化史的"过电"般体验,更增加了对于破圈战略"靠得住""经得起考验"的种种信心。

是时候尝试给破圈战略下一个定义了。什么是破圈战略?就是基于对企业的战略洞察,实现从企业结构突破、产业链式突破直至组织愿景突破的战实一体化增长新范式。

破圈战略,表象是保持增长,实质是破圈而出、形成新关系的可能性。

四、战略规划编制体例的问题

破圈战略,对企业来说,最表面但也最现实的意义是打破了传统的战略规划编制体例。

我们过往实施的战略规划报告拥有一套固定而规范的体例。什么是体例？就是编写格式。例如孔子作《春秋》，以时间顺序来记录，即编年体；司马迁的《史记》，改以历史人物为中心来记录，即纪传体。我们现行的战略规划体例，基本沿袭"外部环境、内部环境、对标分析、总体战略、战略目标、业务战略、职能战略"的结构。

结构决定呈现方式，每次编制战略规划都是一个工程浩大、耗时巨长的复杂项目，历时数月。每一部分都需要深入地论证，反复锤炼结论，以及与相关方力争或妥协。一份战略规划报告，动辄数万字，这还只是"端到桌子上"的成文，不啻一部专著。

那么，为什么要堆叠出一套看上去专业严谨的体例架构？因为战略规划体例承载的是一个个战略管理范式和战略理论模型。例如，外部环境分析，分析的是"机会"和"挑战"；内部环境分析，分析的是"优势"和"劣势"，二者的结合就是SWOT模型。

所以，体例的背后，事实上是战略管理理论的高度。凡事过犹不及，从实效性而言，传统的战略规划体例存在问题：①追求逻辑严密和执行落地是两码事，所以任正非说"方向要大致正确，组织要充满活力"；②理论模型、工具背后的适用条件和局限性被广泛忽视；③时代背景、中国本土的商业实践呼唤更新的具有时代特色的理论，很多蓬勃兴盛的商业实践需要升华、洗刷理论的"灰色"，以使其更具广泛指导性。

五、回到战略经典理论

我所推崇的战略管理大师——亨利·明茨伯格，在经典著作

前　言

《战略历程：纵览战略管理学派》[①]中剖析了战略形成的十大学派，并合称为"一只大象"，带我们进行了一次学术上的动物狩猎旅行。

设计学派——"蜘蛛"，主张战略形成是一个深思熟虑的思维过程，代表工具是SWOT模型。

计划学派——"松鼠"，把战略分解为一个个程序化的定量分析工具和数学模型，代表工具如经验曲线、增长－份额矩阵、市场份额与获利能力关系（PIMS）等模型。

定位学派——"水牛"，将企业竞争优势归结为企业外部的市场结构与市场机会等，有"教主"迈克尔·波特《竞争战略》《竞争优势》的加持。

企业家学派——"狼群"，认为企业家的使命就是靠直觉、判断和洞察力形成战略，企业家本人就是"药方"。

认识学派——"猫头鹰"，主张战略是战略家思想认知的形成过程，代表人物赫伯特·西蒙是唯一一位研究管理却斩获了诺贝尔经济学奖的人。

学习学派——"猴子"，主张只有通过管理学习，才能应对环境的不确定性。制定战略只是应急的过程，代表作是彼得·圣吉的《第五项修炼》等。

权力学派——"狮子"，认为战略要考虑利益相关者的影响因素，是一个协商过程，要化解干扰，占据主动权。

文化学派——"孔雀"，主张无法被复制的组织文化是战略优势的最佳保护者。

环境学派——"鸵鸟"，强调外部环境的支配地位，研究组织如

---

① 明茨伯格，阿尔斯特兰德，兰佩尔. 战略历程：纵览战略管理学派［M］. 刘瑞红，徐佳宾，郭武文，译. 北京：机械工业出版社，2002.

何适应环境，代表理论包括权变理论、种群生态学等。

结构学派——"变色龙"，综合了前面的所有学派内容，注重反映事物存在的两方面：状态和变迁。

感谢明茨伯格，让我们一览战略形成的客观规律和过程。客观地讲，我们现在的战略管理理论和创新，都很难逃离明茨伯格描绘的战略十大学派的范畴。它们相互补充，共同构成了完整的战略管理理论体系。

很少有人提及的是，在战略管理理论的顶级殿堂，明茨伯格也是对战略规划最尖锐的批评者。他认为，战略规划不但不是战略思考，还经常有损于战略思考。首先是预测的谬论，即要求外部环境必须保持稳定；其次是分割的谬论，即脱离商业细节和市场环境的规划者，可以通过集中信息及遥控的方式制定有效的战略；最后是程序化的谬论，程序化的系统可能会掩盖一次行动的本质。[①]

从企业实践到管理咨询的践履笃行中，我越来越认同并信服明茨伯格的洞见和卓识。无论在管理学领域占据何种地位，战略管理理论都需要在实践中祛魅，需要还原本质。只有依托企业火热的实践，它才有真正的生命力。

六、战略管理理论面临"范式转移"

我有一个形象的比喻。就像一只北极熊行走在薄冰上，北极熊需要让自己体肥膘满，增加抵抗力，但体型越大，脚下的冰便越嘎吱嘎吱地脆响。企业面临的战略管理理论和实践也是如此。

[①] 本段概括了明茨伯格《战略历程：纵览战略管理学派》第3章"计划学派"中"战略规划的谬论"部分内容。

当战略管理理论还在拼凑那只大象，过往的坚冰也在不停消融，新的春雷已经滚滚而来。

巨变意味着分化。百年未有之变局下，范式不能成为思维定式。当我们要遵循着一套战略编制体例，拘守着在某个篇章就要用什么模型，或者人为把规划和执行区分开的时候，我们奉行的战略管理理论就已经在步入它的"明斯基时刻"[①]。

试举数例。

1. 经营战略层面：关于专业化还是多元化

企业的发展应该走专业化道路还是选择相关多元化、非相关多元化经营，每种选择均有成功案例，失败案例更多。这是表象问题，缺乏实际战略价值。

2. 产业的定义

一二三产、三百六十行的定义已经过时。新的商业规则已经将产业的边界打破，形成了新的产业竞合关系，如智能汽车、植物基、生物产业等。

3. 竞争者的定义

竞争者，包括潜在竞争者的定义需要被改写。竞争者的产业链条发生改变，看上去八竿子打不着的遥远产业的竞争者正在或将吞噬你最有价值的部分。

4. 规模经济可否制造进入壁垒

新经济形势下，企业规模再大，可能也守不住市场。企业需要对规模经济、战略集团、进入壁垒等重新进行战略考量。

[①] 明斯基时刻是美国经济学家海曼·明斯基所描述的时刻，即资产价格崩溃的时刻。他的名字和2007年美国金融危机挂钩。一个稳定的经济体会逐渐内生地走向不稳定，容易遭受内部或外部因素的冲击，进而引发"明斯基时刻"，从字面上解读，就是一种"危机拐点"或"危机阶段"。

5. 规模经济和范围经济

规模经济是企业越做越大，范围经济是企业相关多元化。但在移动互联网及智造时代背景下，经营内核从封闭走向开放，逐步解构为平台经济。

……

中国企业的本土实践更需要根植于本土的理论自信和理论创新。明茨伯格的委婉说法是：大象是处于生长发育中的复杂机体，战略管理领域也是如此。在我国转型升级、高质量发展的商业实践中，传统范式并不是亦步亦趋甚至墨守成规的依据，新兴范式在集腋成裘，从各种商业一线原生态中喷薄生发，已经到了战略管理理论的更新速度去匹配企业战略实践的时候。

七、更本质的战略：破圈战略带给企业家5个方面的价值

什么样的企业才能在经济的新陈代谢下保持长盛不衰？方向难以设计，未来不可预测，恐龙前一天还是地球霸主，后一天就因为生态环境的巨变而销声匿迹。新的时代，要求企业必须以较高的战略俯瞰力，而非左猜右猜的战略思维洞察企业的本质与未来。

破圈战略给企业家带来根本性的价值，源于破圈战略是更本质的战略。

何为更本质的战略？

"更本质"，意味着不是"纸面上"的例行战略，而是"穿透式"的灵魂战略。

"更本质的战略"，我认为对企业有以下5个方面的价值，即载体方面，破除繁缛体例；内容方面，直指战略核心；结构方面，直接敏捷战略；方向方面，战实一体增长；动力方面，企人合一突破。

1. 载体：破除繁缛体例

破除繁缛体例，以战略洞察为先，而不是以规划体例为先，不仅有助于将企业对战略的迷思扫荡一空，还避免了人为复杂后的平庸化走向。每家企业都是一个有灵魂的生命体，都是独一无二的存在，化繁为简，穿破企业人为的复杂性，才能剥离种种虚乔、包装——囿于传统战略体例，战略成为按部就班的填空题；穷尽各种数据、分析、案例，将工作和生活变成高难度动作；汲汲于道理、工具、模型，把战略和人生变成解释的过程等——从而厘清企业真正的前行方向。

2. 内容：直指战略核心

从自我深处出发，发展动力不向外借，守住内核，突破外核，基于战略发力点，发掘自身的多维竞争力，形成企业的战略穿透力。

正视模型范式背后的适用条件、局限性，重塑战略定力，培养企业的战略俯瞰力。

重新发现优势，找到企业的战略发力点，战略发力点就是"出血点"，企业模式突破就是营造多个"出血点"，发掘企业的战略增长力。

3. 结构：直接敏捷战略

时代呼唤敏捷的战略。企业进入"十倍速"竞争的时代，生命周期变短，一个确定的论断是：那种端出架势、整暇以待，动辄拿出至少3个月时间来制定5年甚至更长周期企业战略的行为，将会越来越少见。

战略教科书告诉我们，战略的本质是定位、取舍和配称。这实际是将战略制定者抬高到一个全知全能的地位。我们深入一家家企业当中，眼前映现的无一不是一片生机勃勃但又经营问题丛生的丛林。战略是活泼的，是在发展动态中不断地迎接变化，当竞争优势面临危机时，只能通过变革来创造可持续的战略环境。

4.方向：战实一体增长

破圈战略是突破企业、人的舒适圈，迈向结构性增长新格局的更本质的战略，其带给企业家的一个非常重要的价值是，建立新的连接和新的关系，让结构性增长成为贯穿企业战略的主题。

战略管理理论虽然将战略规划和战略执行划入一个流程中，但它们仍然是不同的阶段、不同的动作。背后的逻辑是，规划的人和执行的人往往不是一类人，要求的能力不同，是"施"和"受"的关系。

我们看到，成功的企业拥有一个共同点，即不仅将战略规划和实施落地包含在一个企业文化框架之中，而且用战实一体的方法，直面新的现实需求，自进化，向死而生，从而不断探索、迭代，优化自己的竞争优势，而不是抱持某一项竞争优势，并希望一直持续下去。

破圈战略揭示了实现战实一体增长的方法。通过构建穿透多层消费的多维竞争力，实现战略性增长；打破内外难互动的局面，从内到外打破、从外到内吸引，营造破圈效应，实现结构性增长；打开产业新空间，定义产业新边界，实施产业链式突破七步"干法"，实现指数级增长。

5.动力：企人合一突破

破圈战略注重企人合一的灵魂式战略打法。

企人合一，不是作秀的华丽词语，而是时代对战略本身提出的切实要求。可惜，我们的企业战略更多是基于事的战略。我以此把企业战略分为三个层次：一是与人区隔的战略；二是有机结合人力资源的战略；三是以奋斗者为本的战略。

破圈战略打破企人难合一的局面，从企业家精神复制到愿景引领型组织，让企业的价值创造真正聚焦在创造新的价值上。新价值不是单一的，它是将时间、效率、产业边界、技术和管理合在一起的复合化价值。

八、破圈战略的体系结构

《破圈战略》全书共10章。其中，第1章为导入篇，阐释了破圈战略的源起、思考过程以及体系构架；第2章至第10章阐释破圈战略的内容。

破圈战略力图以一部书、"6+2"的简明体系架构，帮助企业破除繁缛体例，直指战略核心，实现战实一体增长。

"6"，是直指企业战略核心的6个关键，即"守住内核—突破外核—多维定位—战略发力点—三维策略—多维竞争力"，形成企业顶层的战实一体化增长体系，以破除多数企业战略规划内容耗费大量时间去解释现象、分析过去，反而忽视了需一以贯之的战略洞察及导向结构增长的问题。

6个战略核心也体现了更新的战略升级和实践，在不确定时代寻找新的确定性，让战略敏捷、战实一体。

"6"包括以下6点：

从"内外环境分析"升级为"内外核如何突破"；

从"传统战略定位"升级为"多维战略定位"；

从"忽视战略发力点"升级为"找到战略发力点，即找到'出血点'"；

从"战略发力点='出血点'"升级为"模式突破就是营造多个'出血点'"；

从"铺陈型策略"升级为"立体三维策略"；

从"过去的竞争优势"升级为"穿透多层级的核心竞争力"。

"2"包括以下两点：

产业链式经营，这是从企业突破走向产业突破的高级阶段；

从企业家精神复制到愿景引领型组织，这是破圈战略重视企人合一的"灵魂"打法。

宋代，佛家禅宗提出人生三重境界：看山是山，看水是水；看山不是山，看水不是水；看山还是山，看水还是水。

我在18年前入咨询这一行，沉潜企业一线实践，遵循的是源自西方管理教科书的理论，学习、模仿、套用，恰似人生第一重境界。直到不同行业、不同发展阶段的企业经营管理命题摆在面前，我在市场上求索，在用户处验证，穿越迷雾，识别种种似是而非，有了更高的鉴别力和解决问题的能力，产生了"看山不是山，看水不是水"之感。也许，破圈战略就处于这一阶段，诸多的实践、思考、体认、积累，成就了一种战略新范式。说是战略，却又不同于规划类战略，它是战实一体化的，因为企业经营本自一体。

按照过往的理论和实践，在企业制定战略规划后要将之灌输到员工的脑袋里，形成战略共识，这一环之难，被称为"战略与实施的鸿沟"。事实上，当战略与实施人为地割裂，战略被抻高成为顶层设计的时候，战略和实施已经成了"两张皮"。道理是这个道理，但多年来，一贯的理论灌输、商学教育、企业索骥，多少无用功和人为繁缛化，耗费了多少珍贵的企业资源？

但愿简明、合一的破圈战略，能为广大读者所知。我愿不懈奋进，为之持续实践，丰满羽翼，直到"看山还是山，看水还是水"。

目 录
CONTENTS

PART ONE 破圈战略：从破圈进化史到战略新范式

一、生命演进：地质时间的破圈进化史………3

二、商业本源：从地质时间到商业时间………7

三、破圈战略：概念、结构和特征………… 10

PART TWO 守住内核，回归经营本质

一、问题症结：打破"认知冰山"和

"暗物质"……………………………… 21

二、守住内核：守住经营本质和能力边界… 25

三、自我设限：企业低质循环的五种表现… 27

四、实施方法：回归经营本质的五项修炼… 34

3 PART THREE 突破外核，突破增长瓶颈

一、启示：自然生物体 vs 组织生命体 ……… 53

二、必破不可：现实需求和内生动力……… 56

三、突破外核：突破什么？如何突破？…… 60

4 PART FOUR 多维定位，打开进取空间

一、升级：从一维定位走向多维定位……… 79

二、法则：如何构建"双重爆破"法则？… 81

三、结构：如何构建"三层壁垒"？……… 87

5 PART FIVE 基于战略发力点的模式突破

一、启示：苏炳添和安娜的案例………… 101

二、战略发力点：如何构建"出血点"？… 103

三、模式突破：营造多个"出血点"……… 111

四、案例：战略发力点转变前后的模式

之变………………………………………… 118

PART SIX 6 三维策略，实现系统重塑

一、更有效的策略：从"透过现象看本质"
　　到"洞察本质看现象"……………………127

二、策略结构：构建破圈的动力系统………131

PART SEVEN 7 多维竞争力，穿透多层消费

一、核心竞争力：显化为多维竞争力………147

二、多维竞争力：甩掉误区，透视实质……150

三、"十六字诀"：如何建设多维竞争力……155

PART EIGHT 8 链式经营：从产品经营到产业经营

一、产业链式经营七步"干法"………………171

二、找到战略锚点……………………………174

三、控制核心中枢……………………………178

四、聚焦关键变量……………………………183

五、聚焦最终结果……………………………189

六、扩张链条柔性……………………………194
七、更新操作系统……………………………198
八、再造商业生态……………………………205

PART NINE 9 企业家精神复制

一、分形现象：来自自然界的智慧…………213
二、成功关键：企业家精神需要复制………214
三、企业家精神复制的实施方法……………219

PART TEN 10 迈向愿景引领型组织

一、企业家精神的生命周期…………………231
二、以组织理性迈向愿景引领型组织………233
三、愿景引领型组织建设模型………………234
四、愿力人生：愿景扭曲力场………………241

PART ONE

破圈战略：
从破圈进化史
到战略新范式

破圈的背后是变革。地质时间的破圈进化过程和商业时间的企业演化轨迹如出一辙。战略管理理论已经出现范式转移，揭示破圈战略的必要条件、结构框架、特征和内涵。破圈战略符合战略发展的趋势要求。

一、生命演进：地质时间的破圈进化史

夜深沉，望星空。星空有多高？宇宙有多大？生命是怎么诞生的？地球以外究竟有没有智慧文明？为什么我们悬空在宇宙中却掉不下去？牛顿的苹果会不会掉到我们头上？……从幼时站在房顶数星星的日子开始，大自然就是我们的启蒙老师。想到人类的渺小，任多么难以释怀的事，都不觉在心头一轻。

从事了近20年的管理咨询职业，对不懂的问题，我总是充满好奇心。为什么大自然安排得如此井井有条，深有秩序且让人着迷？生命是如此奇妙，我们所在的地球，至今还是宇宙中已知的唯一一个孕育生命的地方。我阅读过卡尔·萨根的《宇宙》、史蒂芬·霍金的《宇宙简史》等经典著作，也特意参观过中国地质博物馆、北京天文馆。尤其前者，带给我扑面而来的系统直觉，如此粗糙而又如此真实，似乎让我一下子洞穿了这个世界底层的密码。地球的形成演变，生命的诞生进化，竟然和产业、企业的生命轨迹、底层逻辑高度重合。

这是真正的宏大叙事，也对我本人的世界观、人生观冲击巨大。貌似与我们无关的时空，却深刻映射着我们自身的发展轨迹。

1. 生命进化的核心关键词

我们知道，宇宙诞生于138亿年前的奇点大爆炸中，50亿年前出现了太阳系，46亿年前出现了地球，38亿年前地球上出现了原始生命，然后就是数十亿年的进化，直到200万年前诞生了人类。

我发现，我们居住的这颗星球的生成发展，本质上是在向心力和离心力两种力的反复厮杀下，以能量、碰撞、侵蚀、绝灭等几个

核心关键词为要点，跃升至人类智慧生命的出现。

（1）生命进化的核心关键词

向心力、离心力：

太阳诞生、地球圈层分离、板块变化等，无一不是这两种力较量和作用的结果。请恕我不用作用力和反作用力这样的物理专业名词，因为向心力和离心力的表述更具拟人化色彩，更能准确地描摹产业和企业的发展图景。

能量：

太阳是万物的能量来源，距离地球不近不远，刚刚好。闪电、地震事实上都是能量聚合、释放的结果。

碰撞：

各种碰撞形成了山、海、盆地，塑造着生命的多样性。

侵蚀：

地球上不仅有剧烈的碰撞，还有细无声的侵蚀。侵蚀是地球的精刻刀，无处不在。在侵蚀作用下形成壮观的侵蚀地貌；太阳、月亮与地球的引力形成潮汐，潮汐作用是造成海岸侵蚀的主要因素之一；滴水穿石也是侵蚀的结果。

绝灭：

人类诞生之前，地球生命进化史上就已经有多次集群性的绝灭。大规模的是这五次，三叶虫等海生无脊椎动物绝灭，无颌类盾皮鱼类动物绝灭，90%以上的海洋生物绝灭，菊石等海洋动物和昆虫等陆地动物绝灭，恐龙绝灭。气候变化、生态变化是历次绝灭的主要原因。

（2）无情背后的美妙

一颗行星上能有生命的存在，其条件是极度严苛的，却也是最妙不可言的安排。你看：地球是由固态、液态和气态的圈层共同组建形成的，有了圈层之间的相互作用、生化循环，地球上的生命才能得以存在和延续。这颗行星的母恒星必须能够存在足够长的时间。足够长是多长呢？太阳已经自我燃烧了45.7亿年，每时每刻发生着氢核聚变反应，它东升西落，源源不断地以电磁波的形式向地球释放能量，这才给了地球生命所需的能量。行星与恒星的距离，也就是地、日距离适中，不近不远，恰好可以支持液态水的存在。

大气层像一个天然的"盔甲"，挡住了大部分来自宇宙深处的电磁辐射，否则人类在诞生之初就被"烤"死了。只有可见光、部分射电波和极少数的红外光可以穿过大气层，这些被"优待"过的透过率高的波段被称为大气窗口。大气层使人类可以在地球上生存，但也阻碍着人类去观察宇宙。

2. 圈层分化运动的演进轨迹

所以，我们的星球就是一名妥妥的"斜杠青年"。从形成之日起，向心力和离心力、能量、碰撞、侵蚀、绝灭等一致努力的方向，就是不停地圈层分化：从最初的地球内部圈层，即地核、地幔和地壳的形成，到地球外部圈层——大气圈、水圈直至生物圈的出现和演变。

让我们循着地球圈层分化的脉络，来一次生命演进的徜徉之旅吧！

（1）地球星胚阶段

这是46亿年前，地球起源初期的演变，只能通过天文学、地球物理学、地球化学、地质学等多方综合研究来假设。

原始地球的形成，是一个以亿年为单位，不停地吸积、碰撞的物理演化过程。

宇宙大爆炸释放出的原始物质——飘荡在宇宙空间里的各种尘

粒，受到更庞大的能量聚合体——原始太阳星云的持续捕获，还有太阳系外的"势力"，使得太阳自身也要收缩演化，产生大量的太阳抛出物，裹挟着各种尘粒的轻物质，源源不断地分离、离开太阳系。而重物质以自身的引力作用抵抗，不断地团结起来，形成互相吸附的尘埃重物质结合体，从而逐渐形成地球星胚。地球星胚围绕着太阳轨迹、在一定的空间范围内运转着，继续不断吸附小的"势力"，从而形成了原始地球。

（2）地球圈层结构阶段

原始地球形成时，就像太阳系里的一个小小的胚芽，还是混沌一体的。现在，它发育成了一个物质分布不均匀的同心圈层结构。从一枚小小的鸡蛋里，我们就可以看见另一个"地球"：中心是蛋黄——地核；中间层是蛋清——地幔；外层是蛋壳——地壳（见图1-1）。

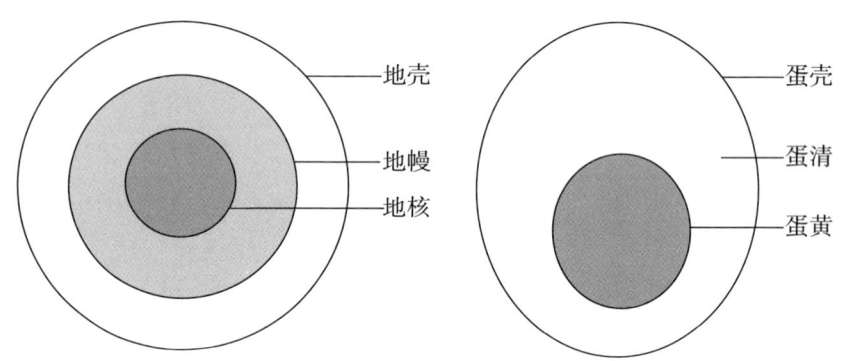

图1-1　圈层结构示意

为什么会出现圈层结构？能量和碰撞主导了地球的圈层分化。从地核、地幔直至地壳，分层可见。地球内部的厚度、温度和压力随深度加深而增加。最里层的地核，平均厚度约3400千米，到了我们所在的地壳，大洋地壳平均厚度只有约6千米，恰似鸡蛋薄薄的外壳。而且，越靠近地壳表面的岩层年代越近，相对约46亿年的地球年龄，地表岩石的年龄绝大多数少于20亿年。这说明什么问题？地球一直未停止发育，地球的圈层分化，实质上就是岩层的自我加压，内部一点点积攒变革的力量。从地质时间的角度来看，我们所在的岩层的外貌是常新的。

（3）水圈和大气圈阶段

这部几十亿年演变形成的"石头大书"，仍不停止进化的步伐。地球物质圈层的分化会挤压出各种气体，在地球的引力作用下，这些气体会集聚在地壳外围成为新的大气层。可以这样认为，大气层是地球这个"企业"的极致产品。大气层是保护生命的天然"盔甲"，挡住了大部分来自宇宙深处的电磁辐射。

地球进行高强度运动需要具有排泄功能的"汗腺"，原始火山就是地球的"汗腺"。原始火山的活动让地球内部的结晶水跑到地球的外部，并在大气层中以雨滴的形式降落到地面，逐渐形成海洋——地表水圈。天人一体，海洋总面积约占地球表面积的70%，人体内的水量也约占人体重的70%。

（4）生物圈的形成演变

数十亿年的积淀，只为猛地一跃。小行星的碰撞、雷电的袭击，都携带了宇宙间的有机化合物。地球物质圈层分化后，大气、水和地壳的相互作用，形成了生命存在的基础。这是一条漫长的"宽J形"演进曲线。从低阶生命向智慧生命的进化，又经历了数十亿年的无数次的自然选择和炼狱般的竞争。

二、商业本源：从地质时间到商业时间

1. 地球的形成演进为什么让我震撼

地球最根本的运动，就是圈层分化运动。若用一句话概括地球的

地质演化过程，就是从低级的、原始的地质圈层，向生命所处的高级圈层的不断演进。

星球演进的轨迹是赤裸裸的，撇去了虚乔和浮华。剥尽企业的层层包装和华丽装饰，会发现企业的发展轨迹与之非常相似，二者如出一辙。从中，我看到了企业发展的真实密码。美丽的森林、炽热的火山是皮，圈层演进才是骨；诗人吟诵的"夏化之绚烂，秋叶之静美"是皮，圈层的自我加压才是骨；企业的外表修饰、层层包装是皮，破圈进化才是骨；理论模型工具是皮，破圈进化才是骨……人类往往难以看到这一点，这源于我们的"短视"，因为我们的生命历程太过短暂，不足以支撑我们直观理解这一极其复杂漫长的演化过程。

破圈的背后是变革。相同的是演进轨迹，不同的是计时单位。我们所处的商业时间，以分秒来计算，视野非常局限；地球所处的地质时间，以百万年来计算，大形无声，从来不曾有半分虚乔。

天道如此，商道也如此。很多企业从兴盛到衰落的过程似流星划过，就是因为没有按照事物发展的规律，没有等到突变的"临界点"，或者说，它们压根就没想过要持续地"自进化"。谁都想保持不败之地，但在大国秩序的重组期、经济的转型期、科技日新月异的当下，每一位企业家都面临着前所未有的巨大挑战，想要不败就意味着改变，最危险的行为，就是拒绝改变。即使肉眼看上去一成不变的地球，其本身也在一刻不停地进化，只是非我们的肉眼所能及罢了。

2. 突破"临界点"

地球以持续数十亿年的圈层分化，在自进化的道路上突破每一个"临界点"，逐渐演进成在人类已知的宇宙视野中，唯一一个拥有智慧生命的蓝色星球。而产业和企业的发展，也是在践行着一条圈层进化之路。

地质时间就是商业时间的高度浓缩，二者的演进曲线也有着如下的一致性。

第一,地球的生成,时刻在克服着内部尘粒中氢和氦的自由散漫天性,同时又要和星系其他势力的吸附力作斗争。企业生命周期更为短暂,不仅需要时刻克服内部产品、组织、成员等的离心力,以及外部各种诱惑的吸附力,还要克服大多数人类厌恶改变的天性。

第二,随着时间的拉长,地球的圈层分化曲线的增长速度会越来越快,核心是要突破圈层的"临界点";而企业跨越生命周期的增长速率也要突破各发展阶段的"临界点"。

第三,智慧生命是地球突破"临界点"的产物,人类的智慧又阐释着宇宙演进的规律。很多定律事实上也在为商业发展与变革的规律提供佐证,例如,牛顿第一定律提出,一切物体在没有受到外力的作用时,总保持静止状态或匀速直线运动状态。星体的演进和商业社会的演进也遵循这一规律,它们都处于离心力和向心力作用之下的加速状态,或者加速重生,或者加速死亡,从来不存在匀速直线运动状态或中间状态。

破圈变革,帮助企业克制与生俱来的天性弱点。华为是其中的佼佼者。从20多年前任正非发表《华为的冬天》,直至今天,华为在内部培养了一支"逆旅",专注于对组织战略和战术层面的决策予以审视、磨砺和检验,并提供建议,以帮助企业跨越不确定时代的激流险滩,保持组织活力。这支"逆旅"被华为称为蓝军,这一经营思维也被称为蓝军思维。举一个鲜活的例子,华为曾想向贝恩资本等私募基金出售终端业务,蓝军部队通过大量分析,最终得出结论:未来的电信行业将是"端—管—云"三位一体,终端决定需求,放弃终端就是放弃华为的未来。短短一页的报告,扭转了华为"出售终端,度过寒冬"的战略。[①]

---

① 孙金云.向华为学创新[M].北京:企业管理出版社,2020.

三、破圈战略：概念、结构和特征

1. 破圈战略的必要条件

企业实施破圈战略所需的必要条件已经成熟。需求侧方面，人和内容的海量对接，供给侧方面，技术和互联网的双重普及，为个体突破厚壁垒、小平台走向大舞台提供了必要的条件。

（1）需求侧

人和内容的海量对接已经成为时代的特征。圈化、层级化，是从非稳态经济社会过渡到稳态经济社会的重要判断依据。大国间政治关系渐行渐远，是由于国家间的身份认同发生了重大偏差，换句话说，就是你和我不是一条心、不是一个圈子了。知识只代表广度，圈化才代表深度。关注点和行为模式的不同，使得圈层之间充斥着高墙厚垒。圈内语言和圈内的特色行为，才是在同类人群中流通的"社交货币"，即使在Z世代，在电竞、二次元、国风、模玩手办以及硬核科技等代表圈层间，也有着区隔明确的标签特质。

企业战略规划与落地的鸿沟之一，就是仅仅依靠人事雇用形成上下级和同事关系，却忽视了那只是外形的圈化，从而出现战略不走心、不一致、难落地的天然缺陷。企业要克服这一缺陷，就要以理性权威重构基于人的圈层。在以"转型+转轨"为特征的双重经济阶段，破圈战略将战略洞察与具体业务合而为一，将战略规划与落地执行合而为一，鲜活而有生命力。

（2）供给侧

技术和互联网的双重普及，让产业的边界消融、企业的跨界融合成为不再新鲜的话题。可以说，产业也进入了"新常态"，企业"破圈"的直抒本质更利于企业展露胸襟。究其内在的逻辑有以下几点。

一是随着互联网的普及，或者多种重合圈层的交融，局部环境扩大为整体环境，原本封闭、局限的小圈子，融合为跨人群或更具圈化黏性的精品圈层。这一供给侧的特点是包容，是存量融合。重合性个体和多元化环境发展出的多元价值，例如中餐在国外的多点开花，逐步放大成为大品种、大市场。

二是随着供给侧的科技进步、互联推广，需求侧的用户群体发现"原来还可以这样"，世界越来越令人惊喜。这一供给侧的特点是增生，是增量崛起。各种新事物或新现象的"尝鲜"，例如新茶饮和街边店的结合、信息系统和新能源车的结合，逐步形成新兴行业。

2. 什么是破圈战略

（1）什么是破圈

破圈就是要不断地突破自己的舒适圈，进行自我挖掘和自我打磨。莲花在淤泥中长久的寂寞等待和生根固本，就是为了破水一绽，实现动人心魄的绚烂价值。

（2）什么是破圈战略

破圈战略，就是基于对企业的战略本质洞察，实现从企业结构突破、产业链式突破直至组织愿景突破的战略增长新范式。

破圈战略之"破"，应该是结构之破，奠基之破，造局之破；应该是像"1992年，那是一个春天，有一位老人在中国的南海边画了一个圈"那样的"破"；应该是像五次反"围剿"、四渡赤水、"更喜岷山千里雪，三军过后尽开颜"那样的"破"；应该是像从农业社会到蒸汽时代、电气时代、再到智能时代的"破"；应该是像手机从模拟机发展成智能机，成为人类的"第六器官"的"破"。

破圈战略不是急剧泛化的不同人群的流通和浅层次的融合。例如相声演员跨界成为影视剧演员，这种"破圈"更多体现的是"破"——交流和融合，而不是"圈"——壁垒；更多的是用某种文化形式或内容去"破"受众群体的界限，进而促进其流通和融合；多为基于敏锐直觉的自发行动，突破的圈层远未达到壁垒的程度，遑论战略高度。

3. 破圈战略的体系结构

破圈战略体系从内部和外部两个视角、企业和产业两个层面，构建企业破圈突破的四象限，分为战略本源层、企业结构层、产业经营层三个层级（见图1-2）。

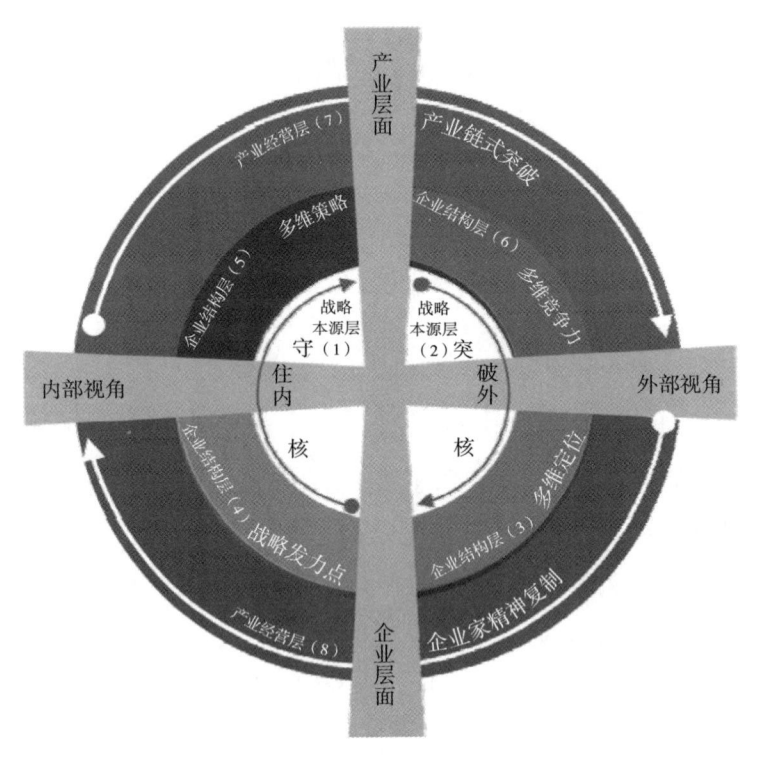

图1-2 破圈战略模型

战略本源层：不汲汲于内外环境的研究性分析，回到企业元命题，讲求守住内核、回归企业经营本质，突破外核、突破企业增长瓶颈，从企业战略核心处出发，实施战略性增长和本源性突破（见图1-3）。

从战略的"内部环境分析"升级为"守住内核,回归经营本质":从自我而非外在出发,守住内核,守住经营本质和能力边界,以回归经营本质的五项修炼,破除企业的低质发展循环。

从战略的"外部环境分析"升级为"突破外核,突破增长瓶颈":破除PEST类理论研究,突破外核,突破别人的定义和自定义,实质是"破圈而出",激发内生动力,适应产业交融,重建新产业定义的相交边界,实施边界跨越,改变相关市场的基础竞争规则。

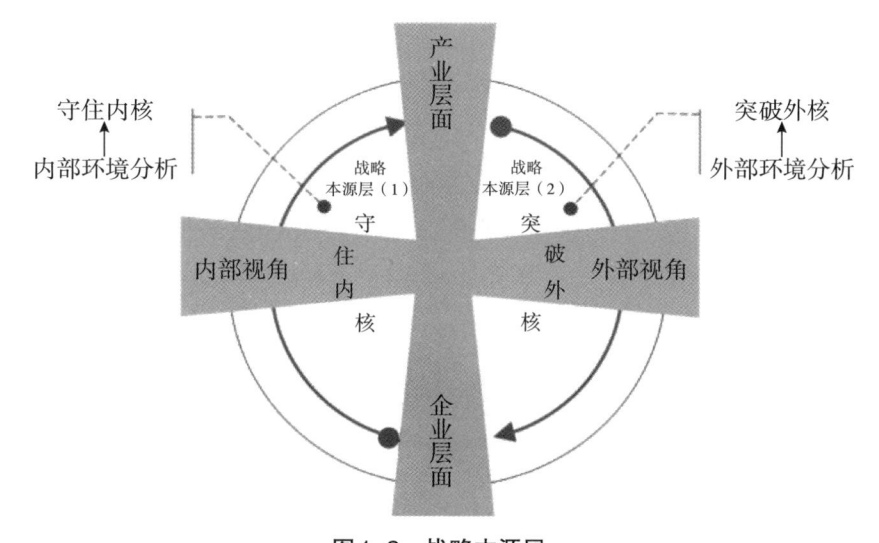

图1-3 战略本源层

企业结构层:从多维定位、战略发力点及模式突破、立体三维策略到多维竞争力的企业破圈经营方式,实现结构性增长和系统性突破(见图1-4)。

从"传统战略定位"升级为"多维进取战略定位":适应产业基于裂变技术和多元跨界业务的结合呈现出的多维产业特征,导致大规模能级、复杂化创造价值的企业生态体纷纷涌现,顺应"从多产业交融中探寻企业边界",企业的战略定位,要从一维定位走向多维定位。

从"忽略战略发力点"升级为"重视战略发力点"及"战略发力点='出血点'"：战略发力点在传统企业战略规划中很少涉及，建立"战略发力点影响企业的生死存亡"的认知，点上突破，点上见效果即形成"出血点"。

从"构建模式"提升为"营造模式突破的多个'出血点'"：模式突破由发力点牵引而出，营造"刺刀"的多个"出血点"，是模式突破的关键。

从"铺陈型策略"升级为"立体三维策略"：根植于破圈的动力机制，从纵向、横向、赋权赋能三个维度，构建三维策略结构，导向企业的系统重塑。

从"竞争优势"升级为"穿透多层级的核心竞争力"：很多企业将曾经的竞争优势当作企业的核心竞争力。快速变化的时代特征下，破除各种固有的圈层桎梏，多维竞争力实质体现为穿透多层消费的核心能力。

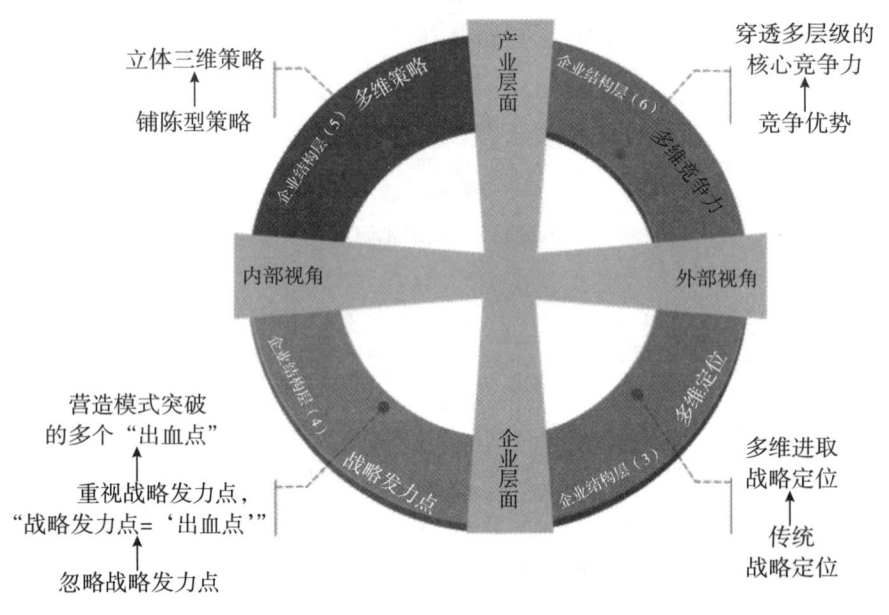

图1-4 企业结构层

产业经营层：从企业经营直至产业经营，是企业的一大飞跃。实施产业链式经营突破，偶合企业家这一企业经营的源动力，从企业家精神的复制导向愿景引领型组织，企人合一，实现指数级增长和愿力级突破（见图1-5）。

从"向内看产品"升级为"向外看产业"：实施产业链式突破七步"干法"，在链条上打通和勾连，形成以一个核心串联起产品经营到产业经营的战略突围路径。

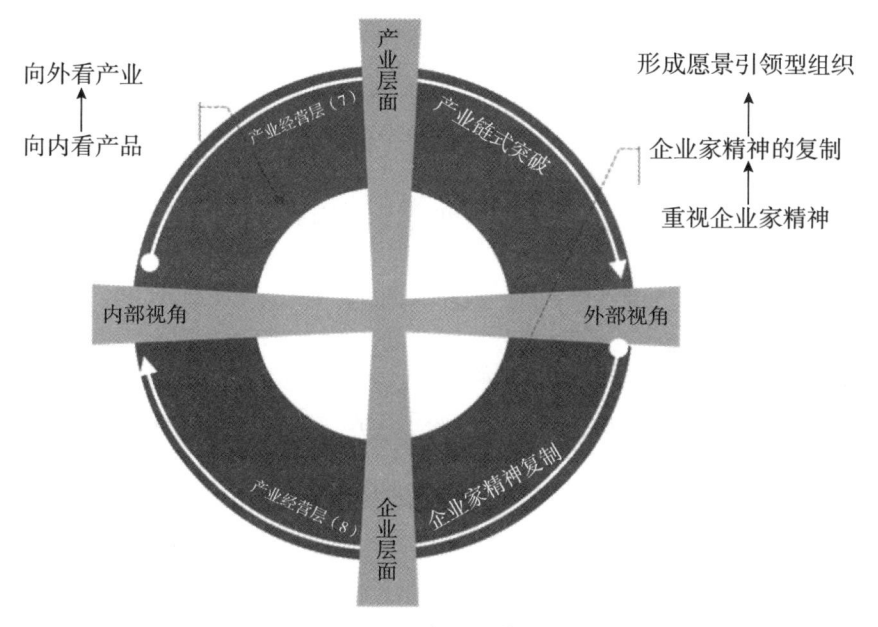

图1-5 产业经营层

从"重视企业家精神"升级为"企业家精神的复制，形成愿景引领型组织"：正视企业家精神的生命周期，精神需要同构，以文化归核，从多维领导机制到培养企业"特动队"。以企业家精神为原点，以能力为半径，以组织为延长线，以时间为轴，以愿景为顶点，形成企业愿景引领型组织。

破圈战略是一种战略范式，在当前中国处于以"转型+转轨"为特征的双重经济阶段，在长期以结构性高质量增长为纲的深化改革开放阶段，将战略洞察与具体业务合而为一，将战略规划与落地执行合而为一，鲜活而有着自身的生命力。

4.破圈战略的内涵实质

（1）表象是保持增长

在深化改革开放的今天，我国企业的战略仍然是增长型战略。

（2）实质是"破圈而出"，形成新关系的可能性

不仅要增长，还要创造一种新关系、新连接。例如凡·高的《向日葵》，在当时越加开放和包容个性的环境下，即使没多少人能真正看懂，也不妨碍它成为名画，人们欣赏的是那种受尽苦难仍然不屈的意志、初心不改纯粹无比的信念，因此展出该名画的博物馆成了人们的打卡地。

5.破圈战略的特征

（1）内部：新结构、新模式

在内部，企业通过破圈，改变了生产方式、组织架构，建立了新的结构和模式。

结构产生力量，新的结构催生新的模式。例如我们司空见惯的外卖，最初只是不想做饭的人群的选择，挤压的是方便面等方便食品的市场；今日的外卖已非初期的外卖，供给侧的大企业纷纷入局，外卖的服务范围已经不局限于餐饮行业，品质、需求和响应速度突破临界点，已经升级为改变人们"衣、食、住、用、行、游、娱、购"习惯的一种生活方式，成为一种大众级应用。

（2）外部：新连接、新关系、新网络

在外部，企业通过破圈，和上下游、生态群发生新的连接，由此带来的社会分工变革、新兴产业崛起等，又会产生新的关系，构建新的价值网络。

太阳照常升起，但永远不再有昨日的太阳；小草每年发芽，但已经是全新的绿色生命。例如智能音箱，加上"智能"二字，早已不再是传统音箱，它与家庭成员对天气、故事、音乐、通信等互动交流，已经成为智慧家庭的一个新入口，从而创造出全新的价值网络。

6. 总结

从工业文明走向信息文明，我们的大脑在倍速运转，我们的手脚也被牢牢地束缚在办公桌椅上，电脑成为流动办公室，手机成为流动商务间。如果你愿意，海量的琐屑信息、更加复杂多变的趋势，随时会淹没你。

信息变得复杂，我们的企业却需要更为简洁和明确的战略管理方法论。在繁复的战略理论和多变的商业实践之间，它是一座可供行走的"桥梁"。这座"桥梁"的框架和商业模式构建方法既要对传统战略管理工具兼收并蓄，因此它将是多元结构和非线性的；它更需要直截简明，因为融合了企业家的犀利直觉和科学决策；它还需要具有方便实施的特征。所以，这将是一套更新的战略管理框架。

它是战实一体化的敏捷战略；

它是人企合一的战略；

它是在增长战略主题下，建立新的连接和可能性的战略。

在中国深化改革开放的预期下，增长仍然是贯穿企业战略的主题。

增长的涛声依旧，但是增长的逻辑变了。不是从100个实体店增长到千城万店，从10个产品系列增长到100个产品系列，也不是从一个领域横跨到或叠加第二个领域，而是企业不仅在增长，还通过增长与更多主客体产生了连接，打开了一片新天地，即产生了新的关系，丰富了价值网络。

如果用另一种表述，就像陈春花在著作《价值共生》中说的，从新的可能性出发，而不是从自己的优势出发。[①]

什么是自己的优势？假如企业是造摩托车的，优势就在于摩托车零配件的供应链和销售链；假如企业是造汽车的，优势就是基于物理学的机械传导和对发动机等核心技术的掌握。

什么是新的连接和可能性？造摩托车的企业发现，基于机械传导的互通逻辑，汽车就是"四个轮子加一张沙发"，这就产生了新的连接；造汽车的企业发现，基于智能生活互联的逻辑，需要用软件来控制硬件，汽车除了发动机作为"心脏"，还应该有"第二心脏"操作系统，这是另一种全新的连接。

因为看见趋势，所以创造和坚持，这是全新战略形成的灵魂和基础。

时代需要企业创造新的价值，时代需要产业边界和企业界限的深度分化调整，通过破圈变革，实现跨界融合，如阳光触摸大地，鱼儿融入波浪，形成水乳交融的关系。

[①] 陈春花. 价值共生：数字化时代的组织管理［M］. 北京：人民邮电出版社，2021.

PART TWO 2

守住内核，
回归经营本质

如何打破"认知冰山"和企业"暗物质",突破企业的低质循环?守住内核、回归经营本质需要五项修炼:经营影响圈,定义企业蓝海;经营"一米宽,万米深"的能力;经营企业的优先事项;同构小摊贩的经济模型;迭代自身的差距模型。

一、问题症结：打破"认知冰山"和"暗物质"

很多企业的痛苦、焦虑，源于企业的"自我"并不强大，缺乏清醒的自我剖析和认知。企业家心有猛虎，想要更上一层楼，但往往凭运气挣来的钱，如果能力不足还是要还回去，看上去，企业似乎就是赚经济周期的钱。更本质的战略，不应该执着于从外部环境和内部环境角度做对未来的预判，而应该从企业的需要出发，守住内核，回归经营的本质。

想到难，做到更难。仅从认知上讲，很多企业了解"认知冰山"，但对产生问题的症结、影响企业战略和经营发展的根本因素，却不甚了了。

1. "认知冰山"和"暗物质"

冰山只有百分之十的体积浮出水面，而水面之下看不见的百分之九十才是它的根基——决定了水面之上的部分。这就是"冰山理论"①。

企业的认知问题像一座冰山，只是浮在水面上的百分之十。一家企业，从代表先进生产力，到不可避免地进入熵增状态，再到企业结构渐趋稳态，在这个过程中就会产生"认知冰山"问题。"温水煮青蛙"，就是把青蛙的危机心态煮没了，在缓慢的环境变暖下，头脑中出现的"认知冰山"让它丧失了行动突破的本能。不潜入看似

---

① 海明威在纪实性作品《午后之死》中提出"冰山原则"，另外，冰山理论也是萨提亚家庭治疗中的重要理论，该理论将冰山比作人的内心。

处于稳态的水底，青蛙就感知不到燃烧的火堆；不潜到海平面之下，企业就看不到"认知冰山"问题的源头，难以获得突破认知的关键。

"暗物质"也是如此。和宇宙空间类似，一个商业系统、产业环境中，也充斥着大量的"暗物质"。你看不见它，但它无处不在，形成潜在的传播氛围，固化为企业的肌肉性记忆，让人以为"企业本来就是如此""一直这样"。

理解"认知冰山"和"暗物质"还远远不够。与其出现问题后痛彻心扉，不如奋起打破企业的"认知冰山"和"暗物质"。那么，怎么才能打破呢？

这是一场无声、无形的战役，貌似决定了企业未来的命运走向。但尴尬的是，很少有企业擅长于此。就像现代人的"心灵之问"，也没几个人能够回答：宇宙这么大、地球这么小，城市熙熙攘攘、人来人往，为什么我却感觉越来越孤独呢？

管理学、经济学并不解决这样的问题，所以我们从中也找不到答案。

好在，我从另一门学问——人类学中，发现了解决问题的密码。真有人研究过这件事儿！

2. 灵魂追问：问题的症结是什么

（1）邓巴数：什么决定"朋友"的上限

人类学是一门研究人类的学科，常常将人类的近亲猿类作为研究对象。

猿类之间怎么表达亲近关系呢？人类学家用科学的方式，研究了不同的猿类群体，发现猿类就是把同伴一把拽过来，搂入怀中，细细地给它梳理毛发。这说明什么问题？这种一对一理毛的方式，限定了猿类的社会群体规模。进一步研究发现，灵长类的平均社群规模和其脑容量存在很强的相关性。

这位人类学家，是20世纪90年代提出邓巴数的牛津大学的罗宾·邓巴。他进一步提炼出一个公式，就是人类能够稳定维持的社交网络的人数是由一个人的大脑容量决定的。人的大脑大约重3.5斤，这是人类大脑的极限状态，也是心脏、肺所能承载的最大体量。一个人能维持稳定人际关系的人数上限是多少？150人。由于人类进化出了语言，一次可以与3个人有效沟通，这一数字大约是猩猩的3倍。人们把这一发现称为邓巴数，邓巴数也成了人类学研究的一项重要成果，被称为150定律[①]。

邓巴数理论揭示了一个人在社会中可能拥有的社交圈层（见图2-1），总数基本是150人，分成下面三层。

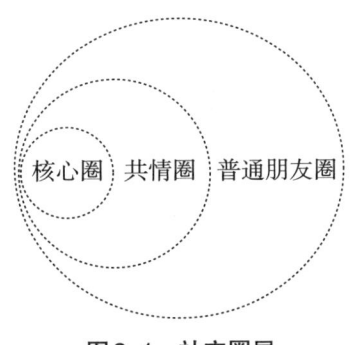

图2-1 社交圈层

核心圈：一般以5人为上限，是可提供情感支持、财务援助的家人和朋友伙伴。

共情圈：一般以10人为上限，是可以随时探讨、倾诉，一起度过大部分社交时间的朋友，和上面核心圈的朋友共同占据一个人约60%的时间。

普通朋友圈：一般以135人为上限，是一般的亲朋好友，或外

---

① 邓巴. 社群的进化［M］. 成都：四川人民出版社，2019.

部信息、就业机会等联系人，可能一年仅联系一次，多为点头之交。

以上数字相加，得数是150。移动互联网时代，我们的微信好友可以加到5000人，但意义并不大。社交的幸福感来自社交的质量而不是数量，来自沟通的深度而不是频率。你真正有联系的、勉强称得上朋友的人有多少呢？还是不会超过150人。在我看来，这也揭示了人类的局限。

（2）解码问题的本质

联系到企业。企业如何奋起打破企业"认知冰山"和"暗物质"，避免失败呢？

只需要转换一下思维。举个例子：很多人将人生视为一场旅途。在这趟长途旅行中，我们只能选择自己需要的人和事。如果外圈层的社交时间变多了，就会挤掉内圈层的朋友，就要更替朋友圈。所以，人际关系注定是越来越淡薄的。

假如我们转换思维，不再做人生旅途中的旅客，而是做圈子的主人，重新定义我们所能经营的朋友圈子，那么圈子就是我们的领地，我们是leader，要经营它，就像一个村长经营一个村落、一个企业家经营一家企业那样。是不是就忽然变得不一样了？

一个人或一家企业需要找到自己的"圈"。因为人的注意力是真正稀缺的资源，注意力在哪里，人就在哪里，事业就在哪里。丢了初心，人就会变味儿；企业离开了事业的原点，一味地追求破局、转型，事业也会变质。这类似经济学家穆来纳森讲的管窥效应，意思是：一旦人们面对空间不足或者当下更紧急的事情时，就会把注意力集中在眼下这件最迫切需要关注的事情上，至于其他同样重要的事情，都被忽略掉了。

所以，企业无论是初始起步，或是已具规模，如何避免进入平台期或者走下坡路呢？必须先守住自己的"圈"。守住能力圈，守住自身的经营DNA，守住企业经营的本质。无论家业多大、事业多广，这才是根本。

二、守住内核：守住经营本质和能力边界

破圈战略，首要的就是守住内核。内核即圈子，要想破圈，必先"入圈"，即识别初心，定义能力边界，只有这样才能增加企业跃升的效能。

1."圈"是认知，是事情的本质

举个例子。你到过长江的源头吗？一说长江发源于青海的沱沱河，它是雪山脚下的一湾细流，小到似乎伸出手就可以让它断流。想想下游宏阔的江面、奔腾到海的波浪，几乎让人不敢相信。

涓涓化雪，不嫌其细微，蜿蜒上千里，沿途裹挟支流、泥沙汇入，终成滋养大江两岸百姓的母亲河。但这也容易让人忽略了她的源头所在。现实中，很多企业也忘记了设立企业的初心，迷失了产业的本质。

例如零售业，在移动互联大潮下，被冠以"新零售"称号。新零售与零售的区别在哪里？在于"新"。"新"在哪里？"新"在对零售业的线上线下打通。但很多企业一旦搭建了移动互联平台，就傻眼了。线上看似有海量的消费人群，实际上很难将其导入成为自身的用户群体，前后端流量不匹配、缺乏吸引力，因此发生不了奇妙的化学反应。而"为新而新"的店面装修服务商、平台服务商等，反而业务量暴涨。生意的模式又陷入了老套的"淘金的不挣钱，卖水的挣钱"的窠臼。新零售本质上还是零售，不在于简单地打通线上线下，还是要基于店面的坪效、人效，基于供应链的物流仓储、周转速度，基于人员的招募、培训、激励等去寻求突破。

在"所有产业都值得重做一遍"的狂热口号下，很多企业似乎

一夜之间破获了财富的密码，热衷于跨界颠覆，对各个传统产业进行跨界打击，试图进行商业模式创新，这催生了社区O2O、互联网煎饼、共享衣橱等新业态。事实上，随着创业或跨界的深入开展，企业无一例外地都要经受产业规律的洗礼。能否持续下沉，补齐"基础设施"，成为"跨界打击者"的必修课。这方面，京东是真正的标杆，刘强东在京东创业的中途，返过头来补上自建物流、把企业做重的功课，可见其成功并非偶然。

2."圈"是初心，是能力的边界

看看华为的初心和边界吧。

1998年审议通过的《华为基本法》，第一句话就是定义企业的价值观追求——华为的追求是在电子信息领域实现顾客的梦想，并依靠点点滴滴、锲而不舍的艰苦追求，成为世界级领先企业。

这就是华为的初心。为了实现这一初心，华为提出了"永不进入"原则——为了使华为成为世界一流的设备供应商，我们将永不进入信息服务业。这是华为主动设置的企业边界。2015年之前，华为还是严格恪守这一原则的。直至2016年，华为推出全球首个5G商用网络后，才推出了华为"云BG"，实现了战略转移。

再看一看美的。

美的发展至今，一直在白色家电领域做相关多元化，从未涉足过黑色家电。我们为美的日电集团旗下多个事业部提供咨询服务时，多位高管曾经亲口告诉我们，他们提议美的进入彩电和手机行业，都被何享健毫不犹豫地否决了。在美的集团的展览馆里，还陈列着几个塑料瓶盖——那是何享健1968年创办"北滘街办塑料生产组"的事业起点，以及何享健的信条：做企业重要的不是知道要做什么，而是知道不能做什么。

经营边界意味着能力边界，意味着企业的初心。所以，什么是"圈"？"圈"就是能力圈，是不仅现在能hold住、未来也能hold住的基本盘，是企业安身立命的根本。定"圈"，就是定一个企业的根本。日本的"寿司之神"小野二郎一辈子专注于做寿司，并且只做手握寿司，那是他最简朴，也是"一根针能顶破天"的能力边界，这也构成了"数寄屋桥次郎"寿司餐厅的经营边界。

三、自我设限：企业低质循环的五种表现

怎么突破"认知冰山"，把"暗物质"挖掘出来？依笔者多年商业一线的经验来看，很多企业在不自觉地自我设限，陷入低质量发展的循环。企业低质循环主要有如下五种表现（见图2-2）。

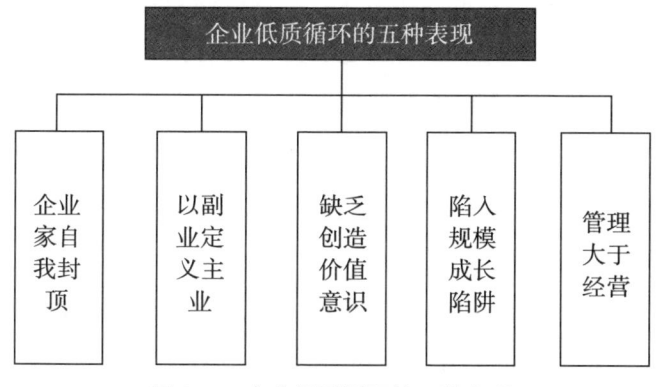

图2-2 企业低质循环的五种表现

1. 企业家自我封顶

最常见的是企业家自我封顶。就像金字塔的高度止于塔尖，企

业的高度由企业家的高度决定。企业家自我封顶，会使企业陷入低质量循环的无底"黑洞"，有如下四种具体表现：

一是企业走着走着，就忘记了自己为何出发，忘记了自己的初心。这是最常见的，企业家通常是为时代的创新发展所诱惑，生怕一日不学习，赶不上潮流。笔者在江浙一带和企业家沟通，感觉尤其明显：由于处富庶之地，一些企业家开风气之先，已经在培训机构"学习"过多次，现在这些企业家已经从热衷上培训班、听到新名词就激动的狂热心态，转变为审慎对待咨询老师、重在甄别真伪优劣的避害心态。

二是企业家的心已经不在企业本身。我为某企业服务时，客户要秘密启动一项并购预案，需要项目组对并购方式提出建议。原来，并购对象是行业内的一家领先品牌，创始人赌虫上头，输到人被扣押，到了不变卖企业无以济困的地步。企业家心思旁落，企业离衰败也就不远了，这件事让我记忆犹新。

三是企业家的职务错配。有的企业家把自己陷入事无巨细的日常经营管理工作中；有的企业家年过八旬不交班，上演亲人"宫斗剧"；有的企业家将日常经营放权给班子，无视产业差异、企业基因、发展阶段、梯队厚度等因素，一退到底，虽然拥有大量可支配的时间与精力，却未将其运用于打破企业低质循环、"破圈"至新高度上面。

四是企业家、高管时间的碎片化。信息时代给了我们海量的资讯，也肢解了我们的时间。碎片化让企业家、高管习惯了赶场式地应对会议、解决问题，这会导致其对企业的本质问题深度思考不够。所以，996、熬夜加班不是最痛苦的，最痛苦的，是企业的突破像无头苍蝇一样，朝着多个方向挥霍着希望、不停地试错。这是一条把很多人湮没在低质量轮回里的时间之河。

2. 以副业定义主业

以海航为例。

守住内核，回归经营本质

海航曾经是我们深入研究的一个本土标杆案例，作为后起之秀，海航的优质服务也一度让我们津津乐道。

但渐渐地，以常规商业逻辑很难再解释海航这样的并购巨无霸。当公司合伙人同事接洽海航子孙公司的咨询需求时，我们内部已经形成一种共识：就需求谈需求、就人力资源谈人力资源、就组织管控谈组织管控，不再延展行业扫描、战略研判。

我们看到，海航的胃口是饕餮式的。截至2021年海航破产重整，它的并购扩张已经外延至第四个圈层。作为偏处海南一隅的地方性航空公司，海航自2003年"非典"后，展开对国内外航空公司的抄底并购，野心初显；然后是范围更广的相关多元并购，收酒店、融资租赁、地面服务、保障等外围资产于囊中；再后是眼花缭乱的非相关资产收购，囊括商品零售、旅游、金融、物流、船舶制造、生态科技等各种业态（见图2-3）。加上其全资及控股子公司后，用一张纸很难画下公司架构全貌。这在企业案例中都是很少见的。

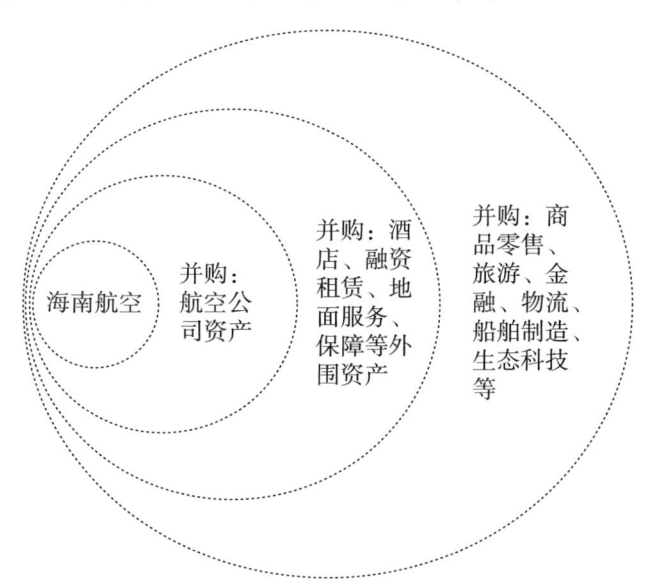

图2-3 海航并购扩张圈层

要说明的是，对能力结构要求多样化的扩张，是反智的，也是盲目的。业务多元化不是问题，业务多元化背后的能力差异化才是问题。海航的扩张始于抄底，终于过度自信，直至由盛转衰。盲目扩张的临界点很好判断："辅菜"胜过了"主菜"，副业超过了主业。当企业主业出现瓶颈后，企业家会探讨通过发展种子业务、培育第二曲线，以拯救公司于未倾，我们通常会闻言相劝，就是这个原因。

3. 缺乏创造价值意识

几乎没有人不知道企业要创造价值。但现实经不起深究，缺乏创造价值意识的企业并不鲜见。

一家生产特优食用酒精的企业集团，在业内久负盛名，很受国内中高档白酒企业的青睐。何为特优？就是生产工艺领先。企业长期摸索出一种八塔蒸馏酒精生产工艺，酒精提取非常纯净。企业的污水处理等环保设施也很先进，甚至有人打趣说，连鱼都嫌干净，可见企业加工基础、技术实力的雄厚。但问题在于，产业链中的上游原材料成本连年上涨，即使企业管控水平很优秀，利润依然不理想，用负责人的话说就是"几乎不挣钱"。这时，如果还汲汲于从企业的"供—研—产—销"去找问题，还执着于工艺领先，更多的只是增加成本或者零敲碎打，于解决问题基本无益。

一家从事粮食深加工业务的农业产业化国家重点龙头企业，创业20年以来，经营状况一直良好，但近几年连年陷入亏损。导致企业产能很高但加工量就是上不去，经营压力很重。负责人向我透露说，企业拥有9万吨的乌克兰玉米进口配额，这似乎成了"幸福的烦恼"：9万吨配额的量上不上、下不下，一船运输6万吨的话，下一船就很难拼配，运输成本就会增高。负责人希望政府加大配额。

我苦笑：加大配额就能解决亏损问题吗？

一家销售额约2亿元的五金建材企业，它的产品名录中列出10大系列、100余种产品。项目组进场后和企业交流单个SKU（库存进出计量的基本单位）的产出问题，企业负责人也感觉有问题，但坚持认为经销商个性化的需求都要满足，很难精简。我精选了一些相关案例发给负责人，并在公司大会上频频用"iPhone为什么只有一个Home键""谷歌为什么只有一个搜索框"等案例冲击大家的认知。最终，产品精简后的效果大超企业预期。

以上均是缺乏创造价值意识的案例。每家企业上墙的口号大同小异，但各家的业绩极为不同。

4. 陷入规模成长陷阱

我曾经同时为两家消费品企业展开咨询项目。两家企业产品相近，规模相若，在行业内都是实力担当。

正值年底，甲企业的年终总结会上，精心筹备的歌舞、才华横溢的演员，让人心潮澎湃。领导铿锵有力的总结报告，突出讲述了公司新研发的产品系列经过一年的拼搏努力，其营收获得了两位数的增长，虽然总量尚小，但表现出了强劲的增长势头；主打产品在日趋白热化的市场竞争下，也略有增长。这是拼搏的一年，也是胜利的一年。

不久，我又受邀参加了乙企业的年终总结会。歌舞表演后，领导讲述了一年来在产品布局、市场布局、技术布局上的成果，虽然主打产品销售规模增长的幅度不大，但经营利润实现了质的突破，获得两位数的增长；某项技术创新应用于新产品；在省内某重大攻关项目上，全体技术人员加班加点完成任务，为公司获得荣誉。场景同样令人信心倍增，心潮澎湃。

有了横向对标，相当于有了"第三只眼"，我因此能够冷静客观地看待两家企业的业绩成长。这两家企业都已陷入规模成长陷阱。这是自带喜感却又让人很难笑出来的事。甲企业主力产品的增长，在同类规模企业中已现颓势；乙企业的利润突破，事实上是在战略收缩的基础上获得的最好结果。

所以，洞察是怎么来的？是在占有资料的基础上得出来的。任何企业当然都应该找出自己的突出成果和优势，但若说"打着灯笼也找不着对手"，要么是天才，要么是自大，忘记自己的"圈"了。

5. 管理大于经营

咨询顾问是一种经常出没于企业会议场合的职业，而且必须"嚎叫几声"，以显存在。由于工作关系，我参加过很多企业的经营分析会，突出的感觉是，开不好经营分析会，甚或不会开会的企业也并非少数。

公司的月度经营分析会是怎么开的？其基本流程是不是财务部门例行宣布财务报表数据？讨论的议题是不是计划调度、生产管理、质量管理、营销进度、技术开发、办公管理等部门工作总结？

我经常和企业说，这其实是开了两个会，一个是财务部门的例行宣布会，另一个是各部门的例行工作会。企业的经营分析会，要害一是突出经营，而不是管理；要害二是注重分析，要探讨指标数据背后的东西，而不是简单对比、例行公事了事。所以要分析讨论的，是产品、市场、定价、竞争对手、创新、商业模式等，是企业经营者们开的会，是聚焦经营的会。至于管理工作，可以下移到各负责人层级。

为什么创造了"六西格玛"管理技术的摩托罗拉，一个铱星项目就能让它倒掉？为什么曾经贵为手机业老大的诺基亚，在2014年其手机业务被微软收购后，时任CEO约玛·奥利拉说"我们并没有做错什么，但不知为什么我们输了"？他说的"并没有做错什么"，至多是"正确地做事"，遵循的是管理原则，对于按键式的手机向平板触摸屏手机转变这一新消费趋势却视而不见，是没有"做正确的事"。一旦企业管理大于经营，就意味着警钟敲响了。

陷入经营低质循环的企业，往往会在某些管理方面精益求精，常常有以下四种表现。

一是注重管理甚至控制。一家区级城投企业，承担开发区建设的省级战略项目，领导着力贯彻落实项目负责制，以确保各建设项目的交期，但项目经理提交上来的项目建设方案往往缺少项目成本测算以及关键的里程碑时间，原因就是搞不定成本部门、运营部门的同事，一旦为企业服务的"随从"摇身变成管事的"婆婆"，职能部门变成事实上的管理部门、控制单元，企业就陷入了低质循环。

二是注重形式而非内容。在一个企业综合管理咨询项目中，有一次企业老板找我，原来年终将近，老板认为我们对企业问题看得透彻，又有思路方法，遂抛开助理，委托我写年终讲话稿。我无法推辞，字斟句酌时才发现，讲话稿背后是有深意的，这是企业领导在这一年中为数不多的对员工展示影响力的场合，当然是企业的重大事项，常常形式大于内容。

三是注重形象和条件。我毕业后，曾经在某上市公司做销售，董事长个性桀骜，动辄批评某些不得力的高管。一次，某新品要打开乡镇市场，董事长要求我们必须做一场大型推广活动，而且要"不花钱办大事"。后来历经数百家企业，当看到企业尤其注重外观形象、条件和物理设施，搞农业的动辄排出一长溜农化服务车辆，搞房地产的建造豪华的"白宫"式建筑，业务员没有配车就下不了市场时，我就知道，这些企业要出现各种问题了。

四是非量化指标大行其道。不是所有考核指标都必须量化，但企业考核不以量化指标为主是一种怠惰。平时同事之间其乐融融，一到考核周期临近，开始鸡飞狗跳，导致企业绩效考核成为一场拉锯战。如果领导费尽心力考虑的是平衡，这个企业就生病了。

四、实施方法：回归经营本质的五项修炼

"蛇有蛇道，鼠有鼠道"，不同的行业，各有门道。如何让企业守住内核，回归经营本质？企业经营的本质又是什么？

只有结合企业内核，才能洞见自身的经营本质。谁都赚不到趋势以外的钱。也就是说，企业或人，只能在能力圈内存活，谁都赚不到认知范围以外的钱。天上掉馅饼的人生美事，不在此范畴之内。

所以，企业经营，事实上就是经营自身的能力内核，就是经营企业自己的"圈"。

守住内核、回归经营本质的方法有五项。

一是经营归核，经营者要找到自己的"圈"，即企业的影响圈和关注圈，专注于影响圈，进而搭建起企业的蓝海框架。

二是从能力角度，要经营"一米宽，万米深"的能力。

三是从做事角度，要经营企业的优先事项。

四是从经济角度，要使大公司有小摊贩（小企业）的灵魂和速度，经营者要把握核心经济指标，同构小摊贩的算经济账的能力。

五是从自省角度，要不断迭代自身的差距模型（见图2-4）。

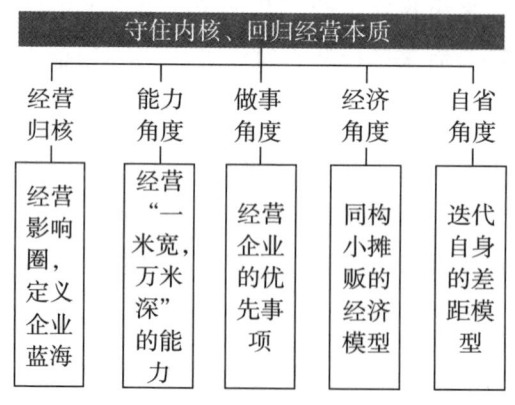

图2-4 守住内核、回归经营本质的方法

1. 经营归核：经营影响圈，定义企业蓝海

企业要破圈，首先要有躬身入圈的意识。

入圈的方式：一是自定义，定义自己可掌控的范围及边界；二是超链接，链接一个可关联的已有圈子或IP。

（1）影响圈和关注圈

我怀疑史蒂芬·柯维受到了邓巴的启发，邓巴将一个人可能获得的社交圈层分为三个层次，并指出了三者之间的关系。史蒂芬·柯维在《高效能人士的七个习惯》里提到：我们每个人都被两个圈包围着。这两个圈，就是影响圈和关注圈[①]。

影响圈，指的是通过自身努力可以影响或改变的事物的范围，比如学习成绩、知识经验、能力素养、工作职位、社会地位等。

关注圈，指的是我们日常关注的事物构成的范围，比如家庭、天气、健康、事业、网红经济、时事、娱乐八卦等。

你看，影响圈就是在我们的关注圈内，个人能力所能影响到的事情，你可以选择通过努力把成绩搞上去，你可以报口才班提高自己的沟通能力……

现实中，我们却常常把大量时间耗费在自己无法掌控的事情上，例如，睡前躺在床上长时间刷抖音，沉浸在游戏营造的虚拟世界里……我们都是劳心劳力者，因为自己没有加薪升职，会抱怨老板，渴望股票价格上涨。但这些都属于关注圈的范畴，是我们无法控制的，也是人生、企业的悲催渊薮。

如果将影响圈视为可自定义的内容，那么关注圈可视为超链接。真正的要害在于：当一个人或企业的关注圈变得越大，即不能直接

---

① 柯维. 高效能人士的七个习惯：30周年纪念版［M］. 北京：中国青年出版社，2020.

影响和掌控的事情越多的时候，这个人或企业就会越焦虑不安，影响圈就会越小。

所以，停止内耗，把精力用在对的地方，是高效能人士（企业）的秘诀，也就是学会缩小关注圈，扩大影响圈。与其沉迷于游戏或明星网红，不如关注自己的粮食和蔬菜。如果想升职，就努力去做业绩。

把精力放在关注圈与放在影响圈的区别如图2-5所示。

把精力放在关注圈　　　　　把精力放在影响圈

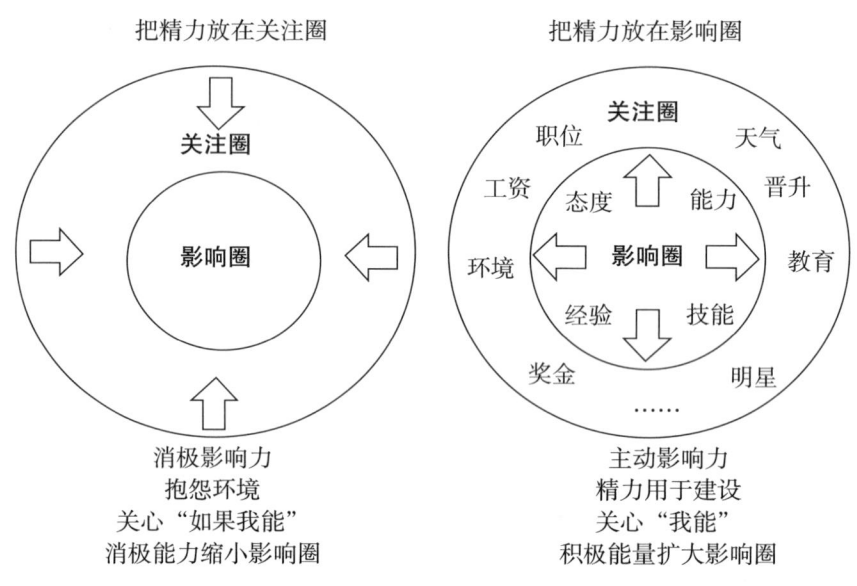

关注圈　　　　　　　　　　关注圈
影响圈　　　　　　　　职位　　　天气
　　　　　　　　　　工资　态度　能力　晋升
　　　　　　　　　　环境　←影响圈→　教育
　　　　　　　　　　　　经验　技能
　　　　　　　　　　奖金　　　　　明星
　　　　　　　　　　　　……

消极影响力　　　　　　　　主动影响力
抱怨环境　　　　　　　　　精力用于建设
关心"如果我能"　　　　　关心"我能"
消极能力缩小影响圈　　　　积极能量扩大影响圈

图2-5　把精力放在关注圈与放在影响圈的区别

我们应该多关注自身能控制的方面，把精力更多地放在影响圈，不断提升自己的能力，想方设法倒逼自己，让自己提升。而不是在不可控的事情上紧盯着不放。

（2）从两个圈演绎到蓝海框架

守住内核，企业从关注圈逐步聚焦影响圈的过程，在我看来，也是找到企业蓝海、定义企业蓝海的过程。这对企业优化战略决策，有着莫大的帮助。

什么是蓝海？

很多人有误区，误以为蓝海就是人无我有，就是找到一个独门绝技，一片水草丰茂、没有其他马群的"草原"。那是理想主义，只能做做梦，企业可以心向往之，却没法实践。

企业的命运系于决策。如何看待蓝海或红海？我们可以以企业为纵轴、代表外部，市场为横轴、代表内部，建立起一个可供操作的企业红海、蓝海框架。

企业内部是趋向同质还是趋向独特的？外部市场是趋向存量还是增量的？如何区分红海和蓝海？

企业从同质走向独特、市场从存量走向增量，就是从红海走向蓝海的进程。反之亦然（见图2-6）。

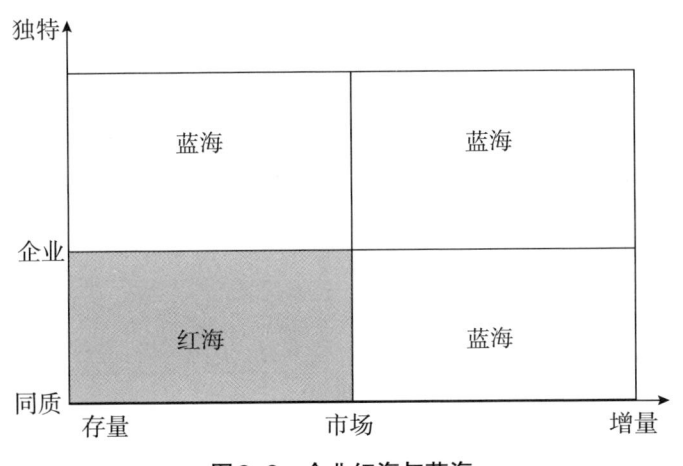

图2-6 企业红海与蓝海

所以，企业专注影响圈、定义企业蓝海的方法，可以分为两大步。

第一，对于多数企业而言，可以给企业自定义"浅蓝海"象限

（位于第二、第四象限），作为自身的影响圈。

一个象限中，虽然企业趋向同质化，但处于一个增量市场，这是一个共同做大蛋糕的过程。因此这个象限可以认为是"浅蓝海"，是企业要专注的影响圈。

另一个象限中，虽然市场存量博弈，但企业有着独特性，意味着存在"啖到头块肉"的机会，蛋糕当然也是有的，因此此象限也可以认为是"浅蓝海"，也是企业要专注的影响圈。

反向来看，这两个区域也是企业最容易滑落红海的区域。绝大多数企业的悲剧，就来自处于这两个区域时的走势动向。

第二，在第一步的基础上，在企业的独特性和市场的增量选择上，力图双向靠拢。那里有着企业真正的"草场"，也潜藏着企业竞争优势的来源（见图2-7）。

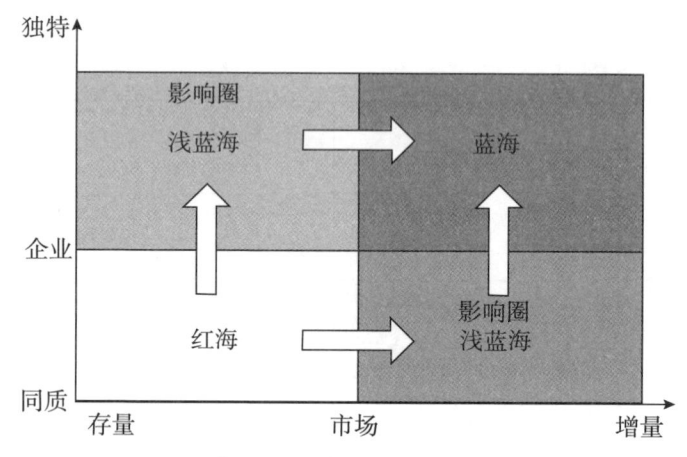

图2-7 专注影响圈、定义企业蓝海的过程

2. 能力角度：经营"一米宽，万米深"的能力

一旦确定了企业的影响圈，或者企业可以掌控或直接影响的蓝海象限，接下来要怎么做？很多企业会有目标、定向地主动扩大它的范围。

事实上，考验企业定力的时刻这才真正到来了。企业需要回归经营的本质，持续深耕蓝海象限，经营"一米宽，万米深"的能力。只有这样，才能真正穿透自身所处圈层，打造竞争壁垒。

企业是在高压下快速发展的，企业的发展速度，会在资金成本、单位效益和市场规模之间存在一个最佳平衡点。

企业的理想状态，就是保持战略专注。

一是保持对影响圈各细分要素——细分产业领域、阶段性产品、技术路线、市场策略、价格策略、商业模式等的专注，而不是盲目扩张。这是对冲企业经营不确定性风险的切实举措。

二是设定一个目标，或者品牌位势区间，专注、优化、提升，增加客户转换成本。"一米宽，万米深"，就是企业的纵深，也是企业建立的竞争壁垒。

3. 做事角度：经营企业的优先事项

守住内核，回归经营本质，从做事角度，就是经营企业的优先事项，要事第一。

那么，何为企业经营的优先事项？

（1）一个有效的时间管理工具

一个古老而有效的时间管理工具——"重要紧急四象限原则"，把工作按照重要和紧急程度分成四个象限，优先事项存在于第二象限——重要但不紧急的事情（见图2-8）。

问题来了：什么才是重要但不紧急的事情？

比如，企业领导叫你到办公室，交代了几项优先工作。这是重要而不紧急的事吗？

重要，是肯定重要。不紧急？领导交代优先，显然，这是重要且紧急的事情。

在日常工作中，我们往往被"重要且紧急"与"不重要但紧急"

重要程度
（高）

第二象限：重要但不紧急
1.准备工作、预防措施
2.增强自己的能力
3.价值观宣贯
4.长期规划
5.人际关系的建设等
6.健康

第一象限：重要且紧急
1.危机、灾难
2.领导交代的优先工作
3.会议、报告、临近截止日的项目等

第三象限：不重要且不紧急
1.细微的琐事
2.闲聊
3.追剧、刷抖音等娱乐
4.处理无意义的信件等

第四象限：不重要但紧急
1.不重要的电话、邮件、会议
2.别人的小问题
3.处理临时报告、事务等

紧急程度
（高）

图2-8　时间管理矩阵

的事情困住，最后，位于第二象限的"重要但不紧急"的事情（如增强自己的能力、健康），通常需要我们花费长时间经营，最容易被我们忽略。

（2）经营优先事项的有效方法

如何运用这个时间管理矩阵？这里教授大家一个有效的方法。

第一，想象四个筐子。可以想象眼前有四个筐子，就是那四个象限。把企业阶段性目标分解出的事项一个一个地往筐子里抛，类似于我们小时候玩的扔沙包游戏。

对于企业而言，没有一成不变的第二象限，因为企业要为达成阶段性目标而实施相应的事项。管理者可以用抛丢法，按照一定的原则，进入"重要但不紧急"的事项管理状态。

第二，选择优先事项。哪些是优先事项？优先事项的判断标准是：在特定时间内，既能够留住客户，又能达到盈利目标的重点工作。例如企业（个人）的客户目标、计划（规范养成）、健康等事项。

第三，确定优先事项的数量。选择3~5项优先事项，数量至多不超过5项，抛到第二象限里。其他的按紧急程度进入相应的筐子。

第四，重要的是如何对优先事项完成战略性研判。很多第二象限事项完成质量不高，原因是没有进行时势研判，没有确定针对重要业务（事项）的重大举措。例如，杰克·韦尔奇以"数一数二"战略调整业务布局，从而判断20世纪80年代通货膨胀所引致的经济增长停滞将会是GE面临的主要威胁，竞争力位列中游的业务缺乏生存空间。因此，他着力于第二象限事项，依据增长潜力、业务规模、盈利状况和市场竞争力，把GE未来的发展方向分为核心业务、高技术业务和服务三大领域，通过投资推动三大业务的重建、现代化改造和竞争力提升。其他业务通过"整顿、出售或者关闭"被抛到圈外。

第五，配比相应的重要经济指标。时间管理和考核的紧密结合，是促进企业守住内核、回归经营本质的重要举措。这需要参考下文中"大公司要同构小摊贩的经济模型"的内容。

第六，把结果交给时间，做时间的朋友，做时间越久价值越大的事情，让时间成为玫瑰。

"人反复做什么事，他就是什么人。"按照《与成功有约》作者史蒂芬·柯维形象的说法，别只是盯着时钟的指针，却忘记了生命的罗盘。"忘掉墙上的时钟——提高做事效率，并不表示做时间的主人。找到心中的罗盘——探索真心所愿，创造均衡圆满的人生。"[1]

4. 经济角度：同构小摊贩的经济模型

（1）做生意还是做事业

莎士比亚说，"To be or not to be，that's a question"。对企业而言，是做生意还是做事业，俨然成了一个问题。二者是非此即彼的关系

---

[1] 柯维. 与成功有约：全面造就自己 [M]. 顾淑馨，译. 北京：生活·读书·新知三联书店，1996.

吗？"从做生意提升到做事业"，是一个真命题吗？

你如何看待国有企业和民营企业的区别？常见的说法是：国有企业占有资源，民营企业拥有效率。事实上，服务各类企业多了，我们才发现，部分民营企业的业务还在爬坡，但管理等级森严、保守封闭。而一些国有企业在体制机制改革、解放思想锐意进取方面，已经走在发展前列。

我们观察，发展好的企业，无一不是"雌雄同体"，既把做企业当成一盘生意，也视为一项事业。

从做生意的角度，经营者必须首先将自己视作一个商人，像街头小摊贩一样思考，以做"煎饼果子"生意的眼光看待自己的公司，对如何赚钱应有极其敏锐的判断力。

不管企业规模多大，只有同构了小摊贩的经营算账能力，视野才不会局限于管理本身，不会在产品、制度、流程等方面叠床架屋，才会主动思考经营的未来，才能更有创造性地思考，敢于提出本质性的问题。例如疫情肆虐、股市低迷的时候，企业投资就要把收入、利润、EBITDA（税息折旧及摊销的利润）、自由现金流作为硬前提，多考虑债券而非股权属性，以及优质资产折价出售的机会。

如果把经营企业当成一项事业，经营者又必须成为一名布局高手，要在大势研判、产业洞察、商业竞合、业务联盟、战略取舍等方面，放大自身的格局，对"善弈者谋势，不善弈者谋子"[①]有着极其清醒的判断力。

这意味着在利润之上，有着更为本质、更为关键的经营考量。企业要创造价值，而不仅仅是创造利润，因为企业的根本任务是提升价值，而不仅仅是提升销量。

---

① 杨官璘. 弈林新编［M］. 北京：人民体育出版社，1977.

（2）构建本质性的经济模型

总之，做生意抑或做事业，企业都要透过复杂表象看到商业本质。大公司既要有小企业的灵魂和速度，也要紧扣企业经营的根本要素——商业智慧。要事第一，企业需要关注那些真正重要的经营指标。

第一，企业价值公式。

代表企业价值的公式可表示为

$$企业价值 = 净利润 \times 市盈率$$

由此可见，企业价值的增长来自两个支撑点：一是净利润，即企业自身的获利能力；二是市盈率，即市场估值比例。继续向下扩展，可得

$$企业价值 = (收入 - 成本) \times 市盈率$$

所以，企业价值的增长，来源于收入增长、成本降低和市盈率增长。

第二，企业关键指标。

按照MECE[①]原则继续分解，企业收入增长的来源：一是增加收入来源，二是提高客户价值。成本降低即效率（生产率）增长来源于两方面：一是改善企业成本结构，二是提高企业资产利用率，如图2-9所示。

与"增加收入来源"相关的关键指标包括业务收入、客户（市场）等。

---

① MECE（Mutually Exclusive Collectively Exhaustive）是麦肯锡思维过程的一条基本准则，意为各部分之间相互独立、所有部分完全穷尽，也就是对于一个重大的议题，能够做到不重叠、不遗漏地分类，而且能够有效把握问题的核心，找到解决问题的方法。

业务收入的持续增长，会给员工以吸引力，给社会公众以企业蒸蒸日上的心理效应。

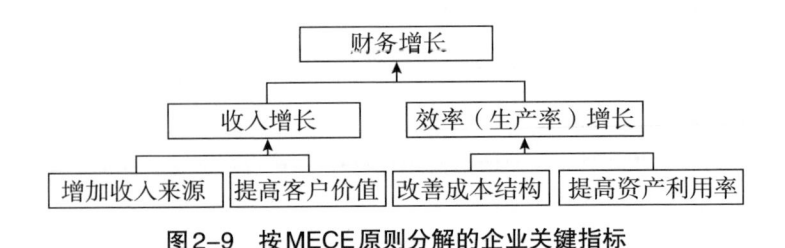

图2-9　按MECE原则分解的企业关键指标

客户（市场）增长表现为增加客户（市场）数量，挖掘潜在客户（市场），通过增加广告、产品投放、卖点发掘、市场推广等方式实现有效增长。

与"提高客户价值"相关的关键指标主要包括单位客户收益、毛利率。

单位客户收益的提高需要改善现有客户的盈利水平。核心是通过增加客户单次消费金额或者增加客户消费频率来实现。

毛利率决定了一家公司真正的议价能力或者定价实力，这是CEO需要关注和保持敏感的一个数字。

与"改善成本结构"相关的关键指标主要包括现金净流入、单位成本等。

现金净流入，指特定时间内企业现金流入总量和现金流出总量的差额，反映企业创造价值的实际能力和企业的自由度。

单位成本，以互联网企业降低获客成本为例，从拉新成本，到营造用户体验以提高转化率的转化成本，再到用信息技术手段降低运营成本等，每一个环节均需具体分析并予以量化，降成本的过程也是提高单位综合收益的过程。

与"提高资产利用率"相关的关键指标主要包括资产收益率、

周转率等。

周转率主要包括存货周转率、资产周转率，指单位时间内存货、资金等的周转次数，是企业经营非常关键的指标。为什么很多企业在非常低的利润率下，仍然能够获得非常高的收益率？其奥妙就在于周转率（类似餐饮企业的翻台率）。

存货周转率＝营业收入/存货平均余额

资产周转率＝年销售收入/总资产

例如物美超市2020年的纸巾年周转率是360次，这就意味着每天的纸巾采购资金都能收回，每天的存货都能卖出，还能赚取额定的利润。

资产收益率是衡量企业资产投入能够产出的投资回报的指标，反映企业的盈利能力。企业需要建立起对其基本要素——利润率、周转率的定期判断。

资产收益率（ROA）＝利润率 × 周转率

净资产收益率反映股东投资回报率水平，是沃伦·巴菲特最看重的企业投资指标。

净资产收益率（ROE）＝净利润/净资产

＝销售利润率 × 总资产周转率 × 权益乘数

例如苹果（AAPL.US），其ROE一直稳定在30%～50%。从股东的角度出发，一般而言，在相同的资本投入情况下，其数值越高，意味着投资回收期就越短，回报就越高。因此若想保持较高的净资产收益率，就需要至少提高下述的一项，例如提高公司总资产周转率，使用更高的财务杠杆，或是提高销售利润率。

对以上指标的量化管理，可以成为企业独特商业模式的核心要素。戴尔电脑的商业模式为什么成为一个经典案例，是因为它变"先造后卖"为"先卖后造"，从而实现两个消灭：消灭库存、消灭中间商。其关键就是根据客户个性需求而磨炼出快速的出货速度，指标上讲求足够低的存货。戴尔只保持6天的存货量，但其收到电脑配件30天后才支付供应商货款，因此被称为"现金机器"。戴尔的客户直销商业模式，也被誉为世界上最好的商业模式之一[①]。

在收入和利润之外，企业要关注市盈率。

企业估值中常见的就是市盈率估值法。一般而言，滚动市盈率（PE-TTM）最能反映实时的市盈率，它是使用最近12个月的净利润计算出来的市盈率，因此更有时效性。根据彼得·林奇的理念：任何一家公司如果定价合理的话，市盈率就会与净利润增长率相等[②]。

市盈增长比率（PEG）=市盈率/净利润增长率

当PEG等于1时，该公司的股价就被认为处于相对合理水平。市盈率也意味着市场热度，即投资市场（投资者）对这只股票的看好程度。投资者一般会给投资标的企业设定一个合理的市盈率区间，然后遵守对应的选择标准。

市盈率是股票价格除以每股收益所得的比率。P是每股股票的价格，E是每股股票的利润（每股收益）。如果每股利润是1美元，每股价格是7美元，市盈率（P/E值）就是7。市盈率反映了盈利模式的质量。

让真实的数字说话。以上核心指标，不能孤立看待，需要经营者

[①] 查兰. CEO说：人人都应该像企业家一样思考［M］. 徐中, 译. 北京：机械工业出版社, 2020.

[②] 林奇, 罗瑟查尔德. 彼得·林奇的成功投资［M］. 刘建位, 徐晓杰, 译. 北京：机械工业出版社, 2007.

真正了解每个要素的本质，并联结成企业系统经营所需的一个整体。

5. 自省角度：迭代自身的差距模型

企业进入新的领域，发展新的业务，常常伴随着"稀释"和"冲突"，因此是有风险的。

面对"稀释"和"冲突"，一些企业家习惯于拍脑门式决策，决策可能源于一次标杆企业参访，或者一次培训课堂案例，甚至和他人简单的一次餐叙。但归根结底，这种拍脑门式决策来源于个人的欲望，夹杂着对创业能力的自信。

在加速破圈的过程中，很多企业面临的一大难题，就是如何做到破圈而不"破壁"，在新老业务之间找到平衡点。

运用咨询顾问的专业结构化能力，我们针对执行破圈战略的企业，构建了一个极简差距框架，供企业可以补齐跃迁的短板。这需要把大脑中构思的"圈"回归到出发的"点"，磅礴的事业梦想很美、很好构思，但针尖大的原点会让自己顿省为什么出发、如何出发。因此回归原点，也就是破圈的前提条件。

从经营结构、管理结构和能力结构的三维结构，可以列出企业破圈自我诊断的极简框架。

（1）经营结构

企业经营以业务为主，业务以产品说话，所以经营结构的差距，最终落脚点在产品结构上。为了扩大市场规模，每个企业的产品线往往很丰富，又为了填补市场空间，常在结构上出问题而不自知，难以实现最大效用。

那么，怎么快速诊断产品结构方面是否有问题呢？教你一个实用方法。

可活用波士顿矩阵把产品分类填入明星、金牛、问号、瘦狗四个象限中，然后分别列出业务占比数据，进行趋势分析（见图2-10）。

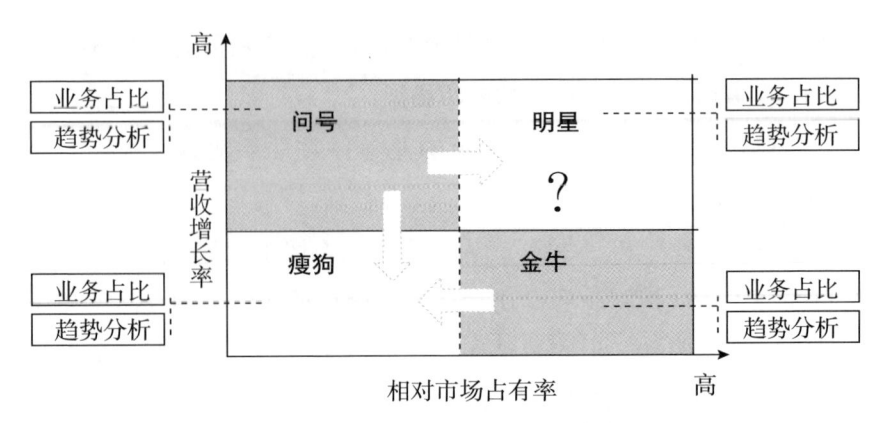

图2-10 用波士顿矩阵进行自我诊断

问号产品由于相对市场占有率低，营收规模较小，市场增长不明朗，可能发展为明星产品，也可能沦为瘦狗产品。

金牛产品由于增长率较低，未来市场格局可能固化或受到挑战，总量空间受限，可能沦为瘦狗产品，也可能转型升级成功仍为金牛产品，但很难跨入明星产品阵营。

一个成熟企业趋势向下的特征往往是明星产品缺乏、金牛产品和问号产品较多；而趋势向上的企业往往会突破原有的范围，向更广阔的人群或领域延伸业务，并突破曾经的盈利边界。

（2）管理结构

第一，组织功能分层。

在移动互联时代，组织形态中的直线—职能制、事业部制到矩阵式结构等，仍然适用于不同的企业阶段。但内核要讲究两点：

一是企业内部"供研产销一体化响应用户需求"的纵向协同链条；

二是破圈的动力建立在队伍的能力上，即大生态下的小生态、打造用户顾问。

第二，权责结构分层。

传统管理学讲"责权利",先讲求责任,同时衍生出了很多责任文化,以及感恩、忠诚等氛围导向。而破圈企业管理要把这三个字颠倒过来,讲求"利权责",先谈利益,包括短期和中长期的激励条件等,次谈权利,最后谈责任,营造放手干、有创造力地干的氛围,让有能力的人拥有匹配的利益和权责。"谁代表需求,谁拥有权利;谁配置资源,谁承担责任",从而呈现欣欣向荣、生态繁荣的原始森林群落景象。

第三,多次分配分层。

将传统企业的分层考核——分别制定决策层、管理层、执行层的三种不同的考核方案,升级为从既有圈层到突破圈层组织体系的多次分配分层考核,加上激励机制的突破,营造能够驱动榜样、模范、典型涌现的大激励体系。

(3) 能力结构

业务结构和管理结构的改变,会传导到能力结构上。

破圈战略尤重能力跃迁。虽然激情点燃梦想,但一家企业若自身不存在破圈的内驱力,即使运筹帷幄如诸葛亮,最终也只会落个累死在五丈原的结局。

能力结构的改变需要大量的突破能量。能量来自哪里?来源于与更大的产业链空间体系对接,融入更大的圈子,从而获得身份认同,实现对原有圈子的扩大和突破。

下面我们来做个小游戏。

找一张白纸,在上面画一个大圆圈。在圆圈内罗列出你现在所拥有的东西,比如车子、房子、月收入、朋友、技能等,在圆圈外罗列你现在没有、但是特别想拥有的东西,比如更好的车子、更好的房子、更高的月收入、更好的人际关系、更多的技能等。

画完后,我们一起看这个圆圈。

圆圈内的东西其实就是在你的舒适区域内、能力范围以内，你能够轻易获取的东西。

圆圈外的东西是在你的舒适区域外、能力范围以外，你需要加倍努力才能够获取的东西。

如果你想获取圆圈以外的东西，怎么办？那就要不断地扩大你的舒适区域，增大你的能力范围。

相比经营结构和管理结构，能力结构优化更具有个性化特征，在实施中要与人才知识结构相结合，以解决实际问题。

如何突破能力范围，提升能力结构？可以参考表2-1。

表2-1　　　　　　　　　企业能力结构提升

原有业务	将开展业务	业务变化描述	需要哪些能力	能力从何处来

PART THREE 3

突破外核，突破增长瓶颈

自然生物体——生物圈的破圈增长,和组织生命体——企业界的破圈增长,有着高度一致的内驱机制。企业突破外核、突破增长瓶颈的实质是:突破别人的定义并自定义,重新划分产业,划分产业边界。

一、启示：自然生物体vs组织生命体

1. 自然生态系统的演进路线

一是尘埃。

宇宙似乎很空旷，天体之间的距离要以光年来测算。光1秒约走30万千米，太阳距离地球约1.5亿千米，所以太阳光照到我们身上大约要8分20秒，意味着我们只能看到8分20秒以前的太阳。同理，冬季夜空中最亮的天狼星，我们也只能看到它8.6年之前的样子。但是，宇宙真的很空旷吗？

宇宙并不空旷，大量的尘埃悬浮在宇宙空间。凭借天文望远镜，我们可以看到绚丽多彩的"星云"，那其实是受引力牵引、呈云雾状的尘埃。许多行星都有自己的尘埃环，最著名的是辽阔而壮美的土星环。

二是岩石。

地球是怎么形成的？是地核的引力把宇宙中的尘埃吸过来形成的。美国有位文学评论家伊哈布·哈桑说："很多人不知道，我们犁的土都是星尘，随风四处飘散；而在一杯雨水中，我们饮下了宇宙。"[①]那些凝聚的尘埃就变成了山石，经过风化，又变成了岩石，紧紧地包裹成为地球的外壳。

三是地衣。

---

① 施塔格. 诗意的原子［M］. 孙亚飞，译. 北京：北京联合出版公司，2016.

距今 6 亿年前，蓝藻与真菌的共生体——地衣成为海洋生命进军陆地的先遣部队。它们分泌的地衣酸腐蚀了岩石中的矿物质，并在风化的作用下，逐渐在岩石表面形成了土壤层，为其他高等植物的生长创造了条件。因此，地衣也被称为"植物拓能者"或"先锋植物"。

四是草本植物。

高等植物之所以能在陆地上生长，是因为地衣为它们提供了土壤。地质时期，随着气候开始变干变冷，最早的草便出现了。体积的小型化，最大限度降低了植物对生长空间的挑剔程度，因此繁殖周期加快，触发了草本植物的大演化。"野火烧不尽，春风吹又生"，草本植物在降水少的旱地或者沙地、高寒地带，也能够很好地适应环境。

五是木本植物——从灌木到树木。

光合作用下，氧气的持续供给使大气中的二氧化碳浓度大幅度降低，陆生植物也随之演化与分异。地面灌木丛生，植物类群迅速发展，进入被子植物时代。整个植物界通过遗传变异、自然选择，沿着从低级到高级、从简单到复杂、从无分化到有分化、从水生到陆生的规律演化。

六是原始森林。

只有足够粗壮、高大的植物才能形成森林。森林的形成更降低了地球大气中的二氧化碳浓度，各种各样的生物出现，使天地之间充满了生机。海洋中的四足类动物，如两栖动物，逐渐演化出陆生动物。大约 1 亿年后，恐龙出现在地球上。地球陆地像海洋一样，逐渐变成了一个生机盎然、植物繁茂的美丽世界。

这就是地球生命系统的演变和生态形成的过程。显然，这是一套别样的增长系统。别样，是指不是从尘埃到尘埃、从植物到植物，而是从远古最简单却又单枪匹马改造了地表岩石圈的地衣，到草本植物、灌木、树木，都是以增长为根本。这种增长，穿越漫长的时间年轮，演化出一套混沌、自洽而有层次结构的吸引力系统。看看热带雨林就知道了。植被分层分布，维持丰富的多样性。从林冠层到林下层，树木分出了多个层次，彼此套叠：高大的乔木下，是低矮的灌木，灌木下面是一些草本植物。这就是一个大型生命体的发展结构。

在天地之间，就这样演化出一个神奇的森林王国。同样，在人类发展史上，不也演化出一个工业大生产、组织大生产的企业王国吗？企业本身就是一个复杂生命体，不断实现结构、机能演变，改进生存与发展模式，从而延续组织生命。

2. 自然生物体和组织生命体的破圈实质

自然生物体——生物圈的破圈增长，和组织生命体——企业界的破圈增长，有着高度一致的内驱机制和实质意义。

（1）表象是保持增长

如果没有地衣将岩石分化出土壤层，地球的陆地上将仍然是一片荒凉；如果远古时期动物不从水生进化到水陆两栖、再进化到陆生，适应环境的能力得不到任何加强，就不可能一步步进化出高等级生命。同样，如果B站不适时从青年群体向成人社会破圈，不从二次元文化的小众圈层向大众圈层靠拢，就难以实现用户规模的量级迭代。

自然进化就意味着优胜劣汰，不是人改变环境，而是环境改变人。同理，企业破圈意味着趋势性的增长，是迫于商业世界的压力，主动扩大受众范围的现实选择。放长周期，企业只有保持长期的增长趋势，才会实现真正的基业长青。

（2）实质是破圈而出，形成新关系的可能性

远古海洋动物从海生进化到陆生，不是为了"破"而"破"，动物的内在结构变了，生理机能变了，因而能够适应环境，实现群体性的繁衍增长。从鳃到肺的进化过程，为海洋生物打开了新天地，这是后续进化的基础：披上毛发，变成恒温，胎生可哺乳，直至产生情感交流。

积极的"破"，不只是增长，更是打开新天地，产生新连接，形成新主体、新模式、新活法。破圈战略的实质，完美地诠释着"道法自然"这一真谛。

二、必破不可：现实需求和内生动力

读到这里，你可能会有疑问：是不是非破不可？并不是，破圈针对的是有想法、有动力的企业群体。"你永远都无法叫醒一个装睡的人"，已经躺平、满足于维持现状的群体，很难被包含在内。

继续深入解构，可知为什么必"破"不可，它是企业基于现实需求和内生动力的必然选择。

1. 现实需求——突破增长瓶颈

突破增长瓶颈是企业的现实需求。

瓶颈之所以成为瓶颈，就在于突破难度之大，通过之艰难。所以，假若一家企业有较为稳定的用户或收益，又没有扩大用户数量的现实压力，"圈地自萌"也可以。只是，不确定性环境的"鞭子"会不停地抽打着企业，一旦势能不再，要想重回高位，就要花至少两倍的力气。

所以，有一句话说，鸡蛋只能从外部打破。还有一句话说，你可能想不到空间有多大，就像你不知道宇宙之广阔，宇宙间有若干千亿个星系，每个星系平均由1000亿颗恒星组成，太阳只是其中一颗。《宇宙》的作者卡尔·萨根走过来告诉你，"要是我们被随意塞进宇宙，你在一颗行星上或靠近一颗行星的可能性不足十亿亿亿亿分之一"[1]，你会惊诧我们居住在这颗星球上是多么的幸运。

世界充满可能性，只是需要拉长时间尺度。行文至此，我想起在中国地质博物馆看到李四光的一句话："作了茧的蚕，是不会看到茧壳以外的世界的。"所以，"要自强，先破茧"。"信息茧房"是存在的，更准确地说是"认知茧房"。螺蛳壳内尚能作道场，你想不到的增长空间很大。而我们所处的时代，企业的最佳实践和发展过程并没有形成特定的规律，知识、学习和实践的边界仍在快速扩张，颠覆我们的所见。企业最重要的竞争力，并不是某项具体能力，而是来自我们的想象力和我们的远见。

2. 内生动力——打破自我设限

"破圈而出"，形成新关系的可能性，这是企业的内生动力。人或者企业都擅长自我设限，但又有打破自我设限的心理冲动和自我暗示，这是人类作为高能级智慧生物区别于低能级生物的重要标志。

打破自我设限，激发内生动力，企业需要从"三个视角"自我审视：一是外部困难视角，即如何认识困难；二是内部变革视角，即企业自身是不是擅长变革；三是企业发展视角，即企业面对不同的变革要求和困难，如何长周期地打破自我设限（见图3–1）。

（1）外部困难视角：看到困难的B面

我信奉美国卡内基公司前总裁约翰·加德纳的人生经验："我们不断地面临着一系列伟大的机遇，这些机遇被巧妙地伪装成无法解决的问题。"[2] 是啊，很多机遇就是伪装成困难出现的。困难越大，机遇也越大。

---

[1] 萨根. 宇宙 [M]. 周秋麟, 吴依俤, 等译. 长春：吉林人民出版社, 1998.

[2] 加德纳. 论领导力 [M]. 李养龙, 译. 北京：中信出版社, 2007.

```
         01
    外部困难视角          什么是困难？
                      如何认识困难？

企业是否擅长
变革？

    内部变革视角     企业发展视角

       02           03
                      企业如何长周期地
                      打破自我设限？
```

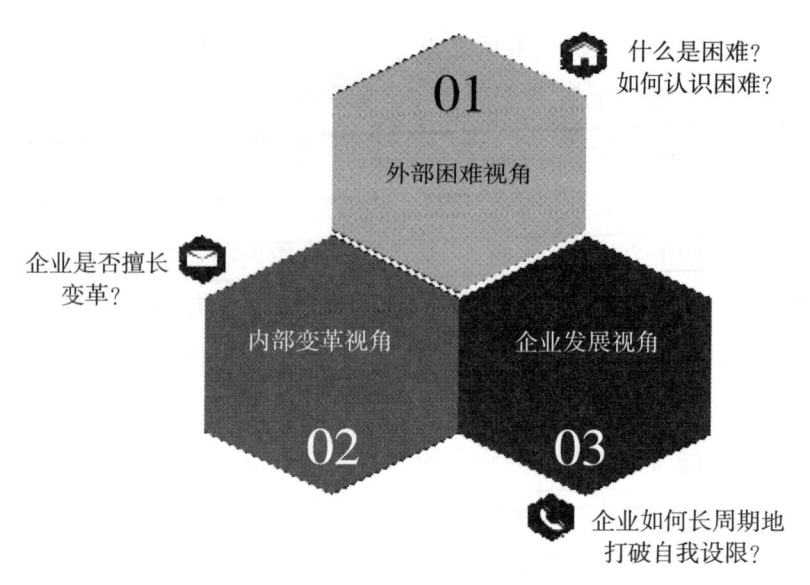

图 3-1　三个视角

瑞·达利欧在《原则》中写道："大自然的一条根本定律是，要想进化，就要突破极限，承受痛苦，方能获得成长，举重也好，直面难题也好，都不外乎如此。大自然赋予我们痛苦，其实是让我们感受到离目标越来越近，或已在某方面超越了自己的极限。"[①]

（2）内部变革视角：企业是否擅长变革

变革意味着要应对层出不穷、无时不在的外部威胁。中国共产党抵抗住了饥荒，敌对干预，日本军国主义、法西斯主义，解决了中华民族面临的生存威胁，战胜了帝国主义，促成了国家统一。经历一次次的挫折、战略迂回、自我重塑，百折千回，不改真理方向，方有苦难辉煌，终创造出人类发展史上从未有过的、走上全新道路的社会主义强国。

在内部变革能力方面得出的一个结论就是：追求优异是不够的，

---

① 达利欧. 原则[M]. 刘波，綦相，译. 北京：中信出版社，2018.

要追求最佳效用。优异源于外在评价，效用却来自自我磨砺。企业所处的不确定性兼高度复杂性的竞争环境，要求企业向死而生，必须不断地自我破圈、自我进化。

所以，企业家必须具有战略思维，将核心关注点聚焦在与日常经营完全不同的命题上；企业必须从根本上重塑价值创造的能力，以保持持续的与众不同的状态。

（3）企业发展视角：需要长周期地打破自我设限

变革是企业经营的常态。大型企业和小型企业都需要破除企业原有的惯性和思维模式，并在不同业务间塑造敏捷性优势，因为发展阶段不同，困难等级不同，变革要求也不同。

管理咨询过程中，我们钻研过很多企业的最佳实践案例。其中，施振荣三次再造宏碁的案例值得借鉴。

施振荣三次再造宏碁[①]

宏碁第一次再造是1992年，在生产制造业利润越来越低迷的背景下，宏碁转向只生产组件，将零件组装转移到海外市场进行，施振荣由此总结出"微笑曲线"，说明组装已经成为计算机业附加价值最低的部分，宏碁要将精力集中在附加价值更高的两端——研发和市场。

宏碁第二次再造是2000年年底，在专业化代工厂崛起冲击宏碁的代工业务量、宏碁自身品牌经营和代工生产之间存在大量管理矛盾的背景下，将"自创品牌"与"代工制造"分离，在内部重新分割成三大集团的基础上，实施"三一"策略——单一品牌、单一公

---

① 施振荣，张玉文. 宏碁的世纪变革［M］. 北京：中信出版社，2005.

司、统一全球团队，通过管理创新实现了二度崛起。

宏碁第三次再造是2011年，在PC产业智能化、结构性转型背景下，宏碁面临着一条失速下滑的负价值曲线，要寻找新的利益平衡的机制，以处理好小的新事业部从0到1的创业文化和原有的从1到N的专业文化之间的冲突，通过成功转型云服务，实施"硬件+软件+服务"的新模式，重新建构起宏碁的新舞台、新文化和新能力。

三、突破外核：突破什么？如何突破？

破圈是企业的必然之举。那么，企业要破的究竟是什么？破什么"圈"？我在西餐的仪式中找到了想要的答案。相对正式的西餐要有前菜、主餐和餐后甜点。破圈战略中企业所需要破的"圈"，也可以分为以下层次：

首先是"前菜"，就是突破别人给的定义，要找到自己的独特性，定义自己的道路。

其次是主餐，就是要创造相关产业耦合，进而定义相交边界。

最后是餐后甜点，边界跨越导致相关市场的基础竞争规则改变，进而创造了新型产业和对市场的全新认识。

这是锻造企业战略俯瞰力、打破固有巢臼、贯彻战实一体化的必由之路。

1. 前菜：突破别人的定义并自定义

每个人都活在别人的印象中，每个企业都活在别人对企业下的定义中。《西游记》中，为了保护唐僧和师弟，孙悟空化斋前要给他们就地画一个圆圈。但猪八戒总会撺掇唐僧走出这个保护圈，最终走进妖怪洞府。画这个圈子的实质，是为了将唐僧师徒与让其产生欲的物隔离开来，让他们稳定心神，持戒不动，不要走进心魔的陷阱。那么，企业的"圈"是什么？"圈"就是别人赋予企业的意义，或者说别人对企业的定义。

所以，企业如果要破圈并主动追求成长，就是要：

第一，突破"他定义"，即别人给的定义。

破圈本身就会伴生冲突和印象改变，尤其在进入别人的优势圈时，企业初始破圈的产品是要在一系列鄙视链中存活的。

第二，主动"自定义"，即自己定义自己的道路。

在新能力、新业务和老市场、老客户之间找到最佳平衡点，让圈层能力、优质互动成为维系企业—市场—客户之间生态的重要纽带。

在突破"他定义"、主动"自定义"这两方面，一个突出的案例就是雅马哈。

雅马哈如何突破"他定义"，主动"自定义"？[①]

雅马哈是一家被很多人误解并且很多人不了解其企业内在本质的公司。很多人认为它是一家"不务正业"的企业，调侃说"骑着雅马哈，弹着雅马哈，坐着雅马哈，玩着雅马哈，听着雅马哈，住着雅马哈"。雅马哈生产了摩托车、电动摩托、电动自行车、游艇、发电机、沙滩车、工业机器人等多类跨界产品。那么，雅马哈究竟是一家什么样的公司？它是如何突破"他定义"，主动"自定义"的？

作为世界上最大的乐器生产商，雅马哈的企业目的（类似中国企业文化中的"使命"）是"以音乐为原点培育技术与感染力"，形成了乐器制作和木匠这两条技能线。两条线的原点都来自音乐。怎

---

① 胡耀琼. 走进YAMAHA [M]. 天津：百花文艺出版社，2003.

么说呢？

　　这要从雅马哈的创始人山叶寅楠说起。山叶寅楠是一名医疗器械修理工，因为曾修理一台美国风琴，看到了风琴的内部构造，决定自己亲手打造一台风琴，由此学会了一手木匠活。山叶寅楠千辛万苦将风琴造成后，便千里迢迢扛着风琴来到东京，结果一下子傻眼了。原来，造出风琴的外形只是皮毛，音律好才是王道。但这反而成了山叶寅楠"以音乐为原点培育技术与感染力"的出发点，他索性一狠心留住了一个月，以特别旁听生的身份，从零开始学习音乐理论和调律方法，由此日本第一台国产风琴诞生了，也有了雅马哈的前身——山叶风琴制造所。可以说，山叶寅楠的执着才是雅马哈在音乐道路上一路狂奔的战略锚定点。

　　以音乐为原点形成的乐器制作和木匠这两条技能线，基于"培育技术和感染力"走得越来越远。雅马哈突破"他定义"，主动"自定义"的内在逻辑如下。

　　乐器制作方面：适应电子化时代—电子乐器制作—了解电子元件—掌握数字信号处理的技术—路由器等网络设备制作。

　　木匠技能方面：家具制作—切入房屋设计建造—为战时日本政府提供木质螺旋桨—发现飞机发动机总坏，掌握发动机修理技能—制造发动机—制造出应用自产的发动机、能输出优美声浪、高转速的摩托车—制造出应用自产的发动机的船—掌握船上玻璃钢工艺—制造出应用自产的玻璃钢的水滑梯—发现匹配的泳池太差，制造泳池—制造"小号的泳池"家用浴缸。

　　回溯雅马哈企业的百年发展史，就是以"音乐为原点"不停地外延"培育技术和感染力"，从而形成不干则已、一干惊人的企业精神。雅马哈是一家产业型的企业，就连它的logo（作为雅马哈品牌的象征）都那么有特色：由3个音叉组成，象征以音乐为中心；向世界（外圈）延伸，象征雅马哈永无止境的生命力。

同时，雅马哈集团与兄弟公司雅马哈发动机集团的logo又特意做了匠心的区隔：音叉前端的位置不同。雅马哈集团的logo中，音叉的前端在内圈，而雅马哈发动机集团的logo中，音叉的前端在内圈与外圈的中间（见图3-2）。看来，60多年前的雅马哈就知道自己做摩托车是破圈了！

雅马哈集团	雅马哈发动机集团
◎YAMAHA	◎YAMAHA

图3-2 雅马哈集团和雅马哈发动机集团logo

2. 主餐：重新划分产业

和君"十六字心诀"：产业为本、战略为势、创新为魂、金融为器，指导着和君咨询师每年履行数百份企业合同。我们从企业发展的"毛细血管"感受到"时代变了"，所处的"产业"从内涵到外延已经发生了较大的变化。

产业为本，在企业有自定义能力后，如何与时俱进地划分产业这个"圈"？在此，我们提供企业重新划分产业的四种方式。

（1）科学技术开创全新产业

伫立在新旧时代更迭的时间窗口，一些新兴的产业会异常活跃，它们是时代的精华，是资本的宠儿。这类产业，常常意味着一个开创性的全新价值品类，对资本而言，代表着一类全新的赛道。

在产业链上游，它们常常是物理、化学、材料学与信息学、大数据等学科交叉和群体性技术革命的产物，是创造性的，甚至是革命性的，与相邻产业间形成了巨大的沟壑。

例如，生物技术正在拉动农业、高端科技、化妆品行业和零售业走进一个多维的产业体系，进入一个全新的跃迁发展空间，甚至颠覆我们常规理解的产业概念。你有没有想过空气变馒头、汽车尾气变大豆？这貌似是科幻小说中的"科学狂想"。但2021年，我国在实验室中成功地以二氧化碳和氢气为原料合成了人工淀粉，接着首次实现了一氧化碳合成饲料蛋白，并实现了万吨级的工业生产能力。我们知道，一氧化碳是汽车尾气中含有的主要污染物，若能收集汽车尾气中的一氧化碳并将其转化成蛋白质，就可以作为养殖业的饲料替代品。毫无疑问，这些是影响人类文明发展和对生命现象认知的革命性前沿科学技术。

再如大众熟悉的肉制品行业，还是遵循上游养殖（牛、羊、猪等）—中游屠宰加工—下游销售服务这样的传统模式吗？不养殖动物就吃不上肉吗？新兴的植物基行业中，合成肉——植物肉已经从传统肉类市场中开创出一个全新的品类。获取蛋白质无需养殖动物，可以以植物蛋白为原料，通过挤压组织化技术，让其改性、重新交联后，实现"比真肉还像肉"的质地和口感，如植物牛排等。所以，植物肉产业链就变成了这样：农作物种植（大豆、豌豆、小麦、花生等）—植物蛋白提取纯化（大豆分离蛋白等）—植物蛋白组织化（干法、湿法、拉丝蛋白等）—组织化蛋白调制（造型、调味、调色）等，产出质地接近动物肌肉的一类蛋白制品。相比传统肉制品生产过程，减少了土地使用、用水和温室气体排放，十足的低碳绿色。

再如北斗产业链，构建了以北斗时空信息为主要内容的新兴产业生态链，包括空间段、地面段和用户段。其中，前两者的基础设施主要由国家政策支持，我们作为企业人和社会人所能接触到的，是用户段（即导航定位服务）的上、中、下游。从上游的芯片、模块、板卡等核心器件及系统集成环节，到中游的终端产品（如高级辅助驾驶系统、定位系统等），再到下游的运营服务，构成了以融合为特征的"北斗＋互联网＋其他行业"的新模式，推动着社会生产生活方式的变革和商业模式的创新。

（2）新旧产业交融，跨界再创新

受紧密联系的市场和新兴技术的影响，产业边界在消融。这是产业跨界再创新的"富矿区"，企业可以有意识地聚焦两方面"掘金"。

一是"旧中出新"延长产业链条："传统产业＋新兴产业"边界相交的地方，容易出现再创新。

例如，"线上电子商务＋线下连锁渠道"，就是新零售；"＋直销"，就是微商；"＋微商直销方式""＋线下连锁渠道""＋会销"，就糅合成了社交新零售。

再如，传统的电信运营商懂得通信，传统的互联网运营商懂得网络，腾讯将通信与互联网结合，做出了互联网时代的QQ，然后又基于移动互联网的需求，做出了微信。

又如，早期航模的飞行器属性和摄像机的拍摄属性被大疆结合在一起，成为flying robot，即"飞在空中的眼睛"，无人机立体性放大了人类的视野，市场随之爆炸性放大。这就是融合跨界——在传统产业与新兴产业的产业边界相交的地方再创新。

二是在技术进步基础上，新需求与新技术交汇形成创新。

例如，当庭院的草坪打理需求出现，技术的改良使收割机缩小体积，就产生了除草机；当来自遥远矿山的矿藏需要定向运输到海港或加工厂时，蒸汽机的发明催生了代表先进生产力的火车；当人们需要一辆自行车来完成上班或回家的最后两公里时，大数据、云计算等现代信息技术与单车结合起来，产生了共享单车。这都是在技术进步基础上，新需求与新技术交汇的创新。

跨界再创新，使得产业本身已经"名不副实"，这是一个产业界司空见惯、管理学界没有及时更新的前沿地带。马云在2017年中国绿公司年会上发表演讲时说，"今天手机80%的功能和打电话没关系""未来汽车80%的功能跟交通没关系"。自手机智能化以后，新增的多数功能跟通信都没有关系；以前家用汽车的设计升级是为了提速、提高安全性和省油，而智能汽车拥有了操作系统相当于拥有了第二个引擎，引擎的动力就是数据，它将成为一个互动娱乐中心、一个宽波段的影音及数据交流工具、一个工作站。

产业发展的特征已经不是简单的复合化，每个裂变的技术本身和多元跨界业务的结合，组合成了多维产业，从而促成了富有想象力的规模能级、复杂化创造价值的企业生态体。例如福特，它的信息产业服务部门作为一个全球化的部门，负责自动驾驶、互联、移动出行、客户体验以及数据分析领域不同技术的整合，其在创造价值和硬件设施方面，都已远超汽车制造商本身。又如孟山都，其农业产品与基因工程、信息技术密不可分，又与化妆品、药物学紧密联系在一起。

（3）产业价值链融合，带动跨界集约化配置

产业的概念早已不是之前的第一产业、第二产业和第三产业，那还是计划经济思维的产物。

计划经济是什么？农业的产物就是土地上的作物，主体是农民；工业的产物就是大车间里的流水线产成品，主体是工人；服务业主要就是消费与服务，主体是商业主。三个产业分工有序，井水不犯河水。

时代早已变了，产业链条在融合、在变迁，立足第一产业，更要"接二连三"。这方面表现最明显的是农业。

我国的乡村振兴以农业为依托，将资本、技术以及资源要素进行跨界集约化配置，使农业生产、农产品加工和销售、餐饮、休闲以及其他服务业有机地整合在一起，农村第一、第二、第三产业之间紧密相连、协同发展，最终实现农业产业链延伸、产业范围扩展和农民收入增加的目标。

产业边界上，既可以沿产业链顺向融合，走向农产品深加工、农产品直销服务、农业旅游领域，也可以沿产业链逆向融合，如依托下游商贸服务业，打通上游如农产品加工或原料基地等。而现在农业品牌的竞争，常常体现为全产业链模式，如咖啡文化品牌的"咖啡种植+电商+咖啡农庄+咖啡文化+咖啡旅游+加工"的全产业链模式，全面实现精品化、创意化、国际化。

（4）产业链之外拉动一体化创新

以上三点都是基于产业链的交融、创新而衍生的产业边界改变的方式。还有一种类型是从产业链之外改变产业边界的，如人心和信用。

在产业社会，效率是发展的重要支撑。阻碍流转效率的最重要因素之一，就是信用。没有信用就没有平台。企业能解决多大范围的信用关系，搭建多大的平台，就能端多大的饭碗。这是一系列复杂的平台治理问题：谁来为信用背书？是企业家自己还是平台本身？是企业家的话，如何解决环节拉长后的稀释问题和可信度问题？是平台的话，如何解决不同产业、不同情境、不同人群的众口难调问题、规则问题？……

如果能构建一套第三方信用体系，进而搭建起一个无远弗届的平台，这样的商业逻辑必将成为商业史上的一大创举。企业的平台体量和业务能级也必将是划时代的。所以，支付宝的出现，成为淘宝发展的一个里程碑事件。淘宝的海量商家构建起一个生态，这个生态的根基就是基于支付宝形成的信用体系。

3. 甜点：划分产业边界

在多维产业井喷式涌现、产业创新倍速更迭的时代，边缘创新层出不穷，产业边界消融。

就像电子在不同轨道间跃迁会吸收或者释放能量一样，企业破除能力圈层、走向更宽广的视野和更宏大的格局需要在战略上打破边界并重建新产业的相交边界。所以，企业战略若不探讨产业边界的问题，企业自身的业务划分和扩张就会失去指导依据。

作为"佐餐"，企业在有自定义能力后，如何划分"圈"？搞个小场景、小客群，就说"破圈"，显然只是噱头。下面，我们首先以一家能源企业为例，还原企业在实战中如何重新划分产业边界；其次以手机产业为例，揭示产业边界跨越是如何改变基础竞争法则的；最后从企业实践的角度，分享杰克·韦尔奇的"无边界"理念和相关实践。

（1）以某能源企业为例——如何重新划分产业边界

基于到2050年实现全球温室气体净零排放或碳中和，将全球升温限制在工业革命前1.5摄氏度的目标，能源行业正处于大革命前期。在能耗双控的政策要求下，单一的电力提供企业要集体"破圈"，城市更新机遇下能源电力如何结合、智慧城市建设能否纳入智能电网等重大命题，正以巨大的市场规模，促使按能源来源条块分割的央企等重建产业边界，去构造复杂化的智能化系统以及集大成的创新解决方案。

产业链在融合，具体到企业情境，如何重新划分产业边界？笔者以亲身操作的能源企业战略项目为例，揭示产业边界的划分方法。

某能源规划设计企业的产业边界划分示例

某能源规划设计企业面临规划评审业务的市场化放开且无法做大的难题，领导想实施"规划+"战略。只有划分清楚经营的产业边界，才能厘清业务边界。

首先，从价值链高度洞察。解析价值链，将价值链拆分为投资、建设、运营等环节。其中，投资环节包括项目策划、投资策划、外部融资、规划设计；建设环节包括工程造价、招标监理、工程管理、工程验收；运营环节包括资产运营管理、资产移交管理等。

其次，结合微笑曲线。战略进入的应该是其高附加值的两端，而非中间。分析可知，投资环节与运营环节位于微笑曲线的两端，产业附加值较高；建设环节位于微笑曲线的中间，产业附加值较低。

最后，列出矩阵图。逐一列示企业要建立的产业边界，即业务范围（见图3-3）。

这样做的好处是可以帮助客户完善对自身的思考。在"+"的环节，究竟是通过完善自身，还是通过投资合作、基金孵化、企业并购、集成创新应用等方式进一步完善产业链布局？

价值链	项目决策	投资		建设			运营	
		项目策划 投资策划	外部融资 规划设计	工程造价	招标监理	工程管理	工程验收	资产运营管理	资产移交管理
价值链微笑曲线		利润高位：投资策划环节			利润凹部：工程建设环节			利润高位：品牌资产销售服务环节	
矩阵图		What: 产业边界 （将构建的业务体系） How: 如何完善产业链布局？							

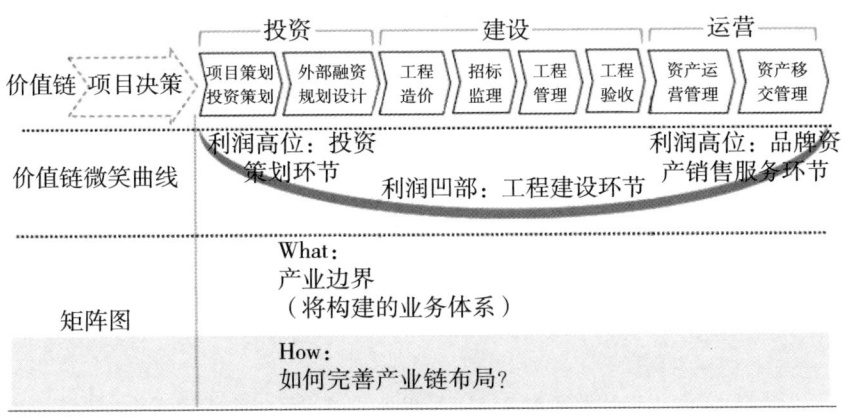

图3-3 重新划分产业边界

（2）以手机产业为例——边界跨越如何改变基础竞争法则

现实情境中，企业确定自己未来的产业边界——自定义新产业的相交边界，这种边界跨越会改变企业自身及上下游市场的竞争关系。

可以预见：产业边界的跨界融合会改变传统意义上的产业竞争规则，并创造新的跨界和新的观念。

下面以手机产业的边界跨越为例，分析其破圈战略和基础竞争法则的变化。

手机产业的破圈战略[①]

手机产业实现高增长的外部环境

在生产端，庞大的产业工人群体实现了快速组装和低价劳动力；在市场端，有本土化的纵深渠道和市场；在消费端，出现频繁换机潮，年轻用户群体崛起，对智能机趋之若鹜。以上所有因素，驱动了手机产业的高增长和高端市场格局的重塑。

微笑曲线，揭示手机业进入市场拐点

内因和外因的叠加，让手机业到了市场的拐点。

生产加工从来不是产业制胜要素。破圈升级，跃迁至微笑曲线的两端，才是真理。因此，突破的方向要和未来智能社会发生新联系。

手机产业领先企业的边界跨越

继续放大视野。

乔布斯把一台迷你 iMac 电脑整合进一部小小的 iPhone 手机，就此重构了人与手机的关系，手机产业从功能机时代进入了智能机时代。

[①] 吴洋洋，许冰清，肖文杰. 手机公司寻找下一个大生意[J]. 第一财经，2021（7）.

智能机可以被视为人的"第六个器官",可以戴在身上的"第二个大脑"。新的市场、新的玩家、新的机制产生,新的游戏规则建立。

5G技术进一步激发了人们对万物互联的想象。人类在幻想着智能机之后的下一代消费终端设备,比如手机内嵌入增强现实和全息影像技术,可以架在鼻梁上,或者贴到皮肤上。现实是,手机是通往智能世界的便捷的入口。

以前小米、乐视以及电信运营商曾想把电视打造成客厅里的智慧家庭终端,但场景不够丰富。目前看来,能承载的可能是智能汽车。

手机产业的破圈方向:重构竞争规则

说到汽车业,汽车业的变革实质就是要成为像智能手机一样兼具革命性和商业性的移动终端。汽车业的升级早已不局限于攻克发动机性能或创新外观设计,而是扩展到软件、娱乐、通信、生物技术、微型科技和人工智能的网络中去。

除了不会走(行驶),智能汽车所需要的电池、在线升级、软件控制,智能手机哪一样不具备呢?有人说,马斯克就是从智能手机出发,发明了特斯拉,这也不无道理。

所以,我们应该看到,手机产业真正的破圈方向就是继续"扼住命运的咽喉",从这一时代最重要的消费终端设备,跃迁成为下一时代最重要的消费终端设备。

总结来说,手机产业的破圈方向,一是破"硬"向"软",构建底层互联的物联网,其核心是芯片;二是破"小"向"大",寻找更大场景下、具有商业颠覆力量的大终端,目前看主要是智能汽车。

(3)以GE(通用电气)为例——杰克·韦尔奇的"无边界"理念和实践

对产业边界的探索,要求组织必须开放,成为外向型组织、共享型组织。在此，我们回顾一下杰克·韦尔奇治理下的GE是如何践行"无边界"理念的。

杰克·韦尔奇的"无边界"理念和实践[①]

1981年，年仅45岁的杰克·韦尔奇成为GE历史上最年轻的董事长兼CEO。在他的领导下，GE的市值由他上任时的130亿美元上升到了4800亿美元，也从全美上市公司盈利能力排名第十位发展成当时排名全球第一的公司。

如果说"群策群力"计划在GE建立了学习型文化，"无边界"理念则为GE的文化增添了新的动力。

"无边界"理念

● 将各职能部门之间的障碍全部消除，自由流通，完全透明。

● 不再仅仅奖励千里马，还奖励伯乐，如那些甄别、发现、培养了提供好主意的人。鼓励公司的各级领导和他们的团队一起分享荣誉，而不是独占。

● 向其他公司的好经验、好主意敞开大门。目标是"每天发现一个更好的办法"，并将其写在世界各地的工厂和办公室的墙上。

"无边界"行动

● 在C类会议的人力资源检查会上，对经理们的"无边界"行为进行评级打分。同级和上级给出意见，给予高、中、低三个等级的评价。若评价等级达不到要求，就要尽快改变，否则只能换岗或离开公司。

[①] 韦尔奇，拜恩. 杰克·韦尔奇自传 [M]. 曹彦博，孙立明，丁浩，译. 北京：中信出版社，2004.

- 根据经营目标和价值观表现，评出四类经理。
- 改变奖励最优秀员工的方式：以前是依据业绩进行年度分红，现在是股份和股票期权计划激励。
- 创造出让思想流动的经营体系："无边界"行动把全年的系列计划和检查会议联系起来。
- 为了促进员工坚持不懈地分享各自的好想法，建立了一个公司行动组织——业务拓展部，主要任务是促进各种好想法在公司内流动。
- 重新定义全部产品市场——做"小池子里的大鱼"或"大池子里的小鱼"。美国西点军校的一位上校告诉GE：数一数二的战略可能对我们有阻碍作用，压抑我们的成长机遇。高智商管理人员容易把市场定义得很狭窄，所以产品市场需要全部重新定义。

4. 破圈的节奏

回到前文提出的问题：为什么必"破"不可？为什么破圈是企业现实和未来的必备选择？原因一是现实需求——突破增长瓶颈，二是内生动力——打破自我设限。但是，必破不是所有的"圈"都要破。

一家企业不可能具备所有能力。破圈战略需要能力跃迁，因此对企业的要求较高。很多企业倒在了虚构的想象力、膨胀的欲望上。

例如，产业园区是政府产业发展的主要载体，但据统计，全国现有各类型产业园30000余个，空置率达40%；特色小镇一头连着城市，一头连着乡村，是推进以人为核心的新型城镇化、实现乡村振兴的重要举措，成为众多房地产公司破圈的风口方向，但我们看到，房地产公司做特色小镇的失败概率较大。为什么？盲目跟风，一心想赚快钱，想获得政策福利和补贴……这些都是特色小镇失败的原因。很多项目根本就不具备开发特色小镇的条件，政府的职能也未发挥到位，除了跟风的心态、专业性欠缺等内在因素，房地产公司做特色小镇失败的根源还在于忽视了一个必要条件：基础设施完善。

所以，企业在选择破圈的方向之后，要把握好节奏，要考虑基础设施完善这个问题。

我们以文娱产业的破圈发展为例，来看应如何把握好破圈的节奏。

中国文娱产业"破圈"史

回顾中国的文娱产业，从萌芽到发展经历了四个阶段。

文娱产业第一阶段

文娱产业第一阶段可以认为是"香港造星阶段"，这一阶段的特点是不确定性高，需等待万里挑一的人出现。

在基础设施支撑能力方面，捧红艺人依赖的是某一个金牌经纪人的能力。

文娱产业第二阶段

文娱产业第二阶段即"台湾造星阶段"，当时一些艺人组合爆红，有极大的偶然性，无法复制。

在基础设施支撑能力方面，缺乏后续产业对接，公司运作不力，造成一些艺人后续发展坎坷，组合解散，自立门户。

文娱产业第三阶段

文娱产业第三阶段即"内地选秀阶段"。1996年开始，湖南卫视破圈，组建湖南经视。其策略是：在经视台搞创新节目试点，效果好的拿到卫视台播放，节目主要是综艺节目。其中，经视的《真情对对碰》《绝对男人》《明星学院》等选秀类节目，成为卫视台《超级女声》等的创新基础。

在基础设施支撑能力方面，电视选秀解决了新人出道的人气问题，互联网的发展使得投票等互动环节得以实现。

但当时的文娱产业体系尚不成熟，缺乏后续产业接盘，无论影视、音乐、商演，都缺乏足够的资源对接。

文娱产业第四阶段

文娱产业第四阶段是"偶像工业打造全产业链阶段"，从偶像团体组建、打造到经营粉丝，形成了一套成熟的"造星"系统。

在基础设施支撑能力方面，"造星"不仅依赖电视选秀，而且能依托互联网。影视、音乐、游戏、综艺等各类文娱消费产业，已成规模。真正实现文娱产业"破圈"的，事实上是互联网公司，如腾讯、爱奇艺等，将各个娱乐板块打通，通过互联网为文娱产业赋能，使市场扩大数倍。

PART FOUR

多维定位，
打开进取空间

4

产业升级已经不是简单的复合化，而是基于裂变技术和多元跨界业务形成多维产业。传统定位已经满足不了实际，企业需要通过多维定位构建"双重爆破"法则：定位定的是吸引力原则，定位定的是资源配置。多维定位需要构建"三层壁垒"，以发挥"定位是灯塔"的导航定向功能。

一、升级：从一维定位走向多维定位

说起定位，我们马上会想到定位大师艾·里斯和杰克·特劳特所著的经典著作《定位》[①]。该书指出，企业唯一的目的就是开创并主导新品类，苹果公司正是开创主导新品类取得成功的典范。定位不是围绕产品进行，而是围绕潜在客户的心智进行，即如何让企业和产品在潜在客户的心智中与众不同。因此，寻找企业定位就是寻找客户的心智之窗。

我们可以看到一批定位理论的经典案例。以杯装奶茶的开创者——香飘飘奶茶为例，直到现在，"香飘飘一年卖出7亿多杯，杯子连起来可绕地球2圈"的广告语依然广为人知，其定位成功可见一斑。

但任何经典案例都是"活在当下"的，都是阶段性的，从较长的时空和产业竞争演变来看，很多尚未建立趋势管控能力的企业需要跨阶段甚至跨周期的连续性，持续指导企业实践。

彼时的奶茶行业，还处于街头小店的奶精勾兑时期。然而，在2017年香飘飘以"奶茶第一股"登上A股市场的同时，新式茶饮市场也正迎来疯狂发展的一年。喜茶、奈雪的茶等新式茶饮成为独角兽，估值一日千里。

奶茶市场竞争也发生了翻天覆地的变化，市场已经多样化。新

[①] 里斯，特劳特. 定位：争夺用户心智的战争（经典重译版）[M]. 邓德隆，火华强，译. 北京：机械工业出版社，2017.

鲜可定制的新式茶饮、便捷时尚的消费方式、移动互联网催生的外卖平台，更凸显了标准化的工业奶茶产品单一和季节性明显的缺陷。"香飘飘等于奶茶"已经变成"香飘飘等于杯装奶茶"，仅仅依靠品牌定位来塑造市场，跟不上消费的迭代，也跟不上市场需求的不断变化。

历史总是有相似的韵脚。诺基亚同意被微软收购时，其时任CEO说过一句话："我们并没有做错什么，但不知为什么我们输了。"大润发被阿里巴巴收购，其创始人离场时也说了一句话："我们赢了所有的对手，却输给了时代。"

曾经在零售行业号称19年未关一家店的大润发，打败过沃尔玛、家乐福，年营业额超过1000亿元，业绩达到中国零售业的第一名，在资本的面前还是选择了出售，以224亿港元卖给了阿里巴巴。

香飘飘、大润发等曾经的"高光企业"，它们究竟遇到了什么？

时代是最大的变量。企业需要具有跨越周期的持久经营能力，在单个周期内，高峰成果越亮眼，下滑曲线也越长。为什么企业不能平抑周期波动，顺滑过渡？

有句话说，"咨询师看企业都是问题，投行家看这些问题都不是问题，投资家看这些问题都是问题又都不是问题"，任何企业都有很多问题，关键是决策者的世界观和方法论决定了企业的未来发展。

我们应从产业的角度看企业，从事物的上一个层面出发。前面我们说过，产业发展的特征已经不是简单的复合化，而是基于裂变技术本身与多元跨界业务结合，组合成了多维产业。空间已经打开，超乎想象的规模能级、复杂化创造价值的企业生态体纷纷涌现。

所以，企业需要进取成为多维企业。过往大多企业崇尚专门化的进取，即紧盯某一细分市场或某一成熟技术，现在，更优的方案是多维进取。多维进取以多维能力、技术和市场为特征，是一种新思维和走向，也是破圈战略的企业定位战法——顺应"从多产业交融中探寻企业边界"，企业的战略定位要从一维定位走向多维定位。

多维定位战法如图4-1所示。

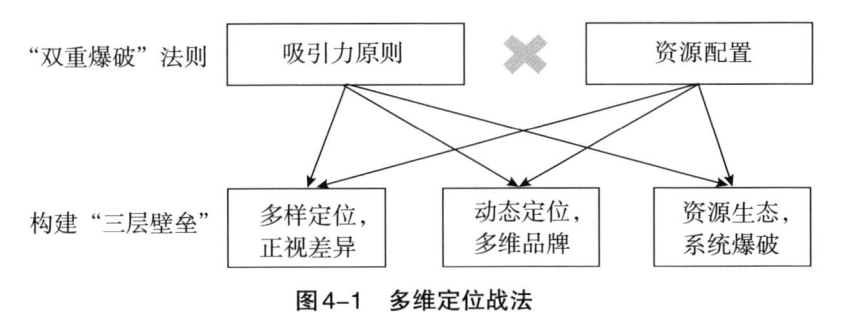

"双重爆破"法则： 吸引力原则 × 资源配置

构建"三层壁垒"： 多样定位，正视差异 | 动态定位，多维品牌 | 资源生态，系统爆破

图4-1 多维定位战法

二、法则：如何构建"双重爆破"法则？

在很多策划公司看来，企业定位讲灵感，一句漂亮的口号抵得过百万雄兵。

企业多维定位的核心是构建属于自己的吸引力原则，并在其指引下匹配企业的资源，让有限的资源最大化。我称之为"双重爆破"法则。

1. 定位定的是吸引力原则

（1）了解吸引力方程

何为吸引力？

我们知道，作为科学史上最伟大的定律之一，万有引力定律解释了物体之间相互作用的引力关系，它告诉我们：自然界中任何物体之间都有相互吸引力。地球对周围物体的引力和地球与太阳之间的引力是同一种力。所以，地球绕着太阳转，月亮绕着地球转。

将其应用到心理学中，吸引力是指能引导人们沿着一定方向前进的力量。

举个例子，人类如何选择伴侣？异性间又为何会相互吸引？俗话说"追"女生，更科学的说法应该是吸引女生。科学家甚至通过对《花花公子》杂志模特的身体测量，量化了"吸引力"方程式。

异性间的吸引力主要取决于四个要素：一是对称性，从细胞是不是完美分裂到身体左右侧，是不是完美对称；二是腰臀比，腰围与臀围的比例为0.7（腰比臀部要细得多）的女性对男性最有吸引力；三是信息素，人类基因组有1000多个嗅觉基因，而眼睛光感受器仅有大约300个基因，所以体味会起到性引诱剂的作用，香水就是按此原理发明的；四是基因的相似性，相似基因在人们建立友情和择偶过程中起到约30%的作用。

万物莫不暗合天道。回到企业，在高度复杂、充满不确定性的时代，企业的多维定位定的就是吸引力原则。虽然做不到像科学家对异性间吸引力进行科学量化测量的程度，但大道至简，从企业定位上构建吸引力原则是正道，也是可行的。

（2）构建"质量—反距离"的吸引力原则

万有引力定律说：引力的大小与相互吸引的两个物体质量的乘积成正比，与它们之间的距离的平方成反比。

所以，企业多维定位第一要增大自身"质量的乘积"，这样才能产生对产业链、客户的足够位势和吸引力。

第二要缩小"距离的平方"。心理距离远了，市场、客户就对企业漠不关心了。企业需要找到穿越黑洞的"后门"，就像凤凰涅槃，成为"不死之身"。

所以，多维定位就是构建"质量—反距离"的吸引力原则。

在做法上，有如下三步。

第一，关注大势，洞察趋势。

企业的多维定位，要站在"上一个层面"来洞察企业的定位，需要从国势—产业—区域的外部环境趋势进行研判。

第二，关注企业，判断资源。

研判大势的同时，也需要展开对企业内部资源的优劣势判断。充分了解并客观地评价自己是很难的，很多企业倾向于夸大自身的能力，做出"一个壶盖捂五个茶壶"的事情。

第三，关注用户，兼顾市场。

不管企业股东的期望有多高，目标有多大，要达成目标都要专注于一点——知晓用户群是谁，或者说用户为什么要买你的产品而非竞争对手的。没有对灵魂的叩问，就难以有效指导实干。

如此深度思考后，企业才有可能架起一张经纬分明的大网，发掘出企业真实的定位。只有这样，企业的多维定位才能尽量符合"质量—反距离"的吸引力原则，才能触及真正的"质点"。

斯沃琪集团的"质量—反距离"定位[①]

我们知道，瑞士的钟表企业定位于高端、奢华，保护传统的机械表品牌成为瑞士钟表业的底层经营逻辑。

斯沃琪集团（Swatch）却走出了一条"质量—反距离"的定位之路，某种程度上拯救了瑞士钟表业。

---

① 维格林. 斯沃琪手表的创意魔法：一个低端品牌靠创意通吃全球市场的疯狂历程［M］. 龚琦，译. 南京：江苏文艺出版社，2013.

斯沃琪如何构建"质量—反距离"的吸引力原则？核心有三点。

一是不追求占据塔尖，而是紧随时势变化，紧扣社会时尚潮流，将钟表首先定位于时尚。

二是坚守"价格不高，品质优秀"的定位。斯沃琪实施接近极限的工艺创新，突破性地使用塑胶材料，工艺上革命性地将塑料和机芯底座接合，成功实现了零件数从常见的91个缩减到51个，成本至少降低1/3，且质量不低于竞品，奠定了足够的位势和吸引力基础。

三是吸引用户购买，形成相对于瑞士传统机械表的"反距离"优势。首先，在占据用户心智方面，通过将品牌命名为Swatch（即second watch），表达"拥有第二块手表"之意。然后，将消费人群定位为关心时装潮流的年轻人。最后，选择别出心裁的设计。斯沃琪设计师每年从500个设计款式中选取近百款，从大小、形状、色彩、图案方面，在表盘、时针、分针、表带、扣环等不拘一格地捕捉潮流脉搏。一块既时尚又便宜、经常可以替换的手表就这样诞生了。

和君集团的"质量—反距离"多维定位

和君集团的定位源自对中国经济的洞察和判断。中国经济仍处在转型阶段，无论是经济增长、产业发展还是企业成长，首先面临的是结构效率优化问题，其次才是提升运营层面的效率问题。那么如果企业所处的产业结构以及自身的业务结构、商业模式和资源配置出了问题，则企业致力于运营效率的改进，往往是徒劳的。这就是和君提出的"结构效率大于运营效率"思想的基础。企业成长必须兼顾三大效率：结构效率、运营效率与创新效率。

从结构效率出发，和君形成了"做大商学，做强咨询，做精资本"的多维定位。其基本逻辑为"商学教育启蒙客户，管理咨询培育客户，资本投入壮大客户"，通过"咨询+资本+人才"的综合服务实现客户价值倍增。和君的三大业务为咨询、资本和商学，形成了以咨询业务为主体、资本业务和商学业务为两翼的"一体两翼"格局。

这就是一种典型的"质量—反距离"的多维定位，身处其中，深者做深，浅者做浅。其结构性优势和对客户群体更本质、更综合性的把握，构成了一个咨询智业机构吸引力的底层逻辑。

2. 定位定的是资源配置

制定战略要通过创造新产业定义的相交边界、复合价值增值来进行多维定位，还需要通过积极反馈来实施多维定位。

实施多维定位，企业需要配置不同的资源。资源包括内在资源和外在资源，内在资源是我们自身的能力，外在资源是借以成事的外部环境和机会。

如何看待多维之间的本质联系和差异，如何匹配资源，并让有限的资源最大化，这是企业战略定位能否实现、企业能否变得真正有吸引力的前提。这同样属于结构效率问题。

（1）解构知乎和B站的定位差异

知乎和B站在定位上的逻辑是非常相似的。随着一代互联网"原住民"年龄和知识阅历的增长，两个平台要保持并扩大时代赋予的现实红利，一是要跟上用户兴趣的多元化，二是需要实现平台内容的多元化，三是要营造圈层与圈层之间知识杂交、互动共享的氛围。这构成了两家平台型企业多维定位的吸引力原则。

为了打造持续的竞争力壁垒，二者都进行了破圈，方式分别为：

知乎以问答模式为起点，推出视频、网文等更丰富的内容呈现方式；B站以ACG（动画、漫画、游戏）内容创作与分享为起点，发展综艺、剧集、纪录片等涵盖7000多个兴趣圈层的多元文化社区。

问题在于，两个平台原理相同，定位相似，实施结果却是不同的。这就涉及资源配置的问题。

（2）解构某农业集团的定位

我曾经主持一家新设立的农业产业集团的战略规划制定工作。作为一家省属国企，该企业兼具产业投资、运营和品牌打造等功能，由于是新设立的企业，还是一张白纸，发展空间巨大。但在企业的新发展阶段，省领导给出的目标是5年达到百亿元产值，所以任务很重、很迫切。

一次和客户沟通时，客户提及很多机会，可以用小投入实现大产出，比如做农产品品牌无人货架。客户认为这个项目的成本基本是固定的，在该省可以借助机场、车展、商超、社区等相关资源，规划一年铺多少个点，并预计每个点一年产生多少流水。

我认为，这看上去很重要，但这家企业是产业导向型企业，还有更重要的——企业在设立初期，首要的是资源配置。如何匹配百亿元产值的目标？版图在哪？主导产业是什么？

产业导向型企业的眼光是向外的，首先要对省属优势农业产业资源进行地毯式分析盘点，实施产业链组合打通，重点从科技创新、投资运营、产业孵化三方面予以产业链升级突破。

所以，立足于资源整合，我提出企业应打造三大平台：农业科技创新平台、农业资本投资平台、农业产业孵化平台，并在三大平台下设置了八个板块（见图4-2）。

定位的能级不同，需匹配的资源量级也不同。

```
农业科技创新平台    农业资本投资平台    农业产业孵化平台
```

| 园区建设运营 | 现代种业 | 农产品精深加工 | 大健康 | 智能农机装备 | 贸易流通 | 现代农业服务业 | 农业资本运营 |

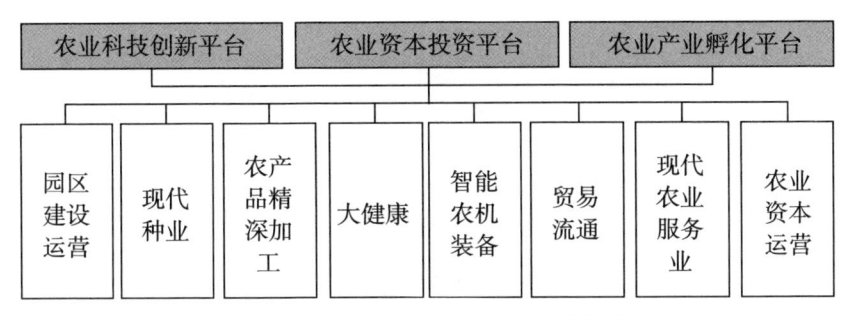

图4-2　某农业企业"三平台八板块"定位

三、结构：如何构建"三层壁垒"？

通俗点说，定位是什么？就是要找到一个正确的方向，并确定我们的位置。

"十四五"乃至更长时期，我国经济社会告别了粗放的增量发展阶段，进入了高质量发展阶段，对企业增长也提出了新的要求。在新发展阶段，无论是云端—线上—线下的联动、上游—中游—下游资源的整合，还是客户—产品—市场广度和深度的触达，都需要一套完整、高效、优质、稳定的商业生态。

结构产生力量，企业定位要成为一套"组合拳"，才能发挥"定位是灯塔"的导航定向功能，从而开始构建企业壁垒。企业构建"三层壁垒"的路径如图4-3所示。

1. 多样定位，正视差异

（1）企业的战略定位之失

很多企业的定位存在这样的问题：不管企业的业务情况，笼统地进行一句话定位，诸如"产城融合运营商""一站式解决方案提供商"等。这是定位上的懒惰，这样的定位不足以指导企业实际。

多样定位，正视差异
· 企业的战略定位之失
· 定位要对业务产生指导价值

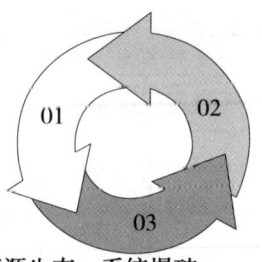

动态定位，多维品牌
· 动态定位，找到真正的应变之学
· 动态定位，构建"定位导航系统"

资源生态，系统爆破
· 迈向"资源生态，系统爆破"的战略自觉
· 从战略合作到资源整合再到生态资源，实现系统爆破

图4-3 构建"三层壁垒"的路径

（2）定位要对业务产生指导价值

多样定位，必须回到前述的"为什么客户买你的产品，而不是竞争对手的"问题，企业要面对多样化的顾客需求，分清谁是潜在顾客，谁代表未来，并明确不同顾客的需求和偏好是什么。

因为业务关系，我曾经关注一家上市公司——博天环境，它是环保水处理领域的龙头企业。虽然是龙头，但日子并不好过，因企业流动资金匮乏，大股东股权质押，多次寻找战略投资方。2021年夏天，博天环境非公开募集约5.65亿元，由葛洲坝生态定向认购，葛洲坝生态一跃上升为上市公司的实控股东，股比达26.81%。博天环境的控股股东汇金聚合自愿放弃了控股权。①

表面上看，博天环境股权得以解押，资金雷的引信得以拆除，葛洲坝生态斩获了优良资产，为"再造一个中国能建"的母集团战略目标奠定了财务基础，似乎皆大欢喜。但要追问的是，作为行业龙头的博天环境握有大好牌局，何以命运坎坷，直至被收购？

故事都有相似的开头。博天环境实施"十三五"双轮驱动发展

---

① 见上市公司公告《博天环境集团股份有限公司2021年度非公开发行A股股票预案》。

战略，从其老本行工业废水治理领域进入市政污水处理领域。

作为国内少数能进行复杂工业水系统综合服务的企业，博天环境彼时的战略定位我不知道是怎样的。但是，假若是一句类似"国内水处理龙头企业"的话，对实际问题就缺乏指导意义，甚至可能误导企业经营。

具体来看，两个领域字面上虽然都是水处理，但市政污水处理的作业方式为PPP模式（政府和社会资本合作模式），该领域在短暂赚钱热潮之后遇到了2018年的PPP新政，金融上实施去杠杆，导致项目资金需求量大但融资进度放缓。企业迫切想要做大业绩的想法，导致该企业反复失血，资产负债率达88.6%，甚至短债长投，多次成为"失信被执行人"。

博天环境需要构建多样定位，以对业务产生真正的指导价值。事后来看，企业定位不仅是顶层设计的问题，对企业更是生死攸关的命题。

市政污水处理领域，PPP工程的低价竞标、项目专业性运营欠缺，需比拼资本，盈利模式一般是政府付费并结合中央财政资金、国债和地方债等；而博天环境擅长的工业废水治理领域，其盈利模式一般是使用者付费、市场化定价。二者完全不同。

可以说，博天环境狂奔一圈，又回到工业废水治理的老本行，这是忽视战略本质的结果。和之前不同的是，该企业日后将成为中国能建集团在生态环保大板块下"工业+市政"双轮驱动的主力军。

2. 动态定位，多维品牌

就像DNA的双螺旋结构一样，企业定位也是一个螺旋式上升或者下降的过程。

（1）动态定位，找到真正的应变之学

企业发展犹如"蛙跳"：经过一段时期，企业就会站在一个新的

起点，从这个新的起点出发，冲击下一个新的定位目标。水塘里青蛙的跳动似乎是无休止的，它停下来，往往也是为了判断风险，同时积蓄力量寻找下一次的落脚点。

不停地寻找落脚点，对企业来说无疑是一种糟糕的状态。所以，企业常常会出现两种情况：一种是长时间停滞在一种定位上，以不变应万变；另一种是陷入盲动，信奉"唯一不变的就是变"。

企业需要动态定位，需要建造"长长的坡"，积累"厚厚的雪"，引导企业不断发展，向上生长。就像《大学》中的"三纲领、八条目"①一样，找到企业奋斗的战略不变之锚，这才是动态定位真正的根基，也是真正的应变之学。

这方面有一个很好的例子，即孔子在《论语·为政》中说的"吾十有五而志于学，三十而立，四十而不惑，五十而知天命，六十而耳顺，七十而从心所欲，不逾矩"。

这是真正的应变之学。有人认为这是孔子的"人生奋斗的总纲领"，我认为非常贴切。

一个人在十五岁的时候，也就是初中毕业阶段，就要确定自己的人生志向，想清楚以后要学什么；朝着这个方向再摸索十五年，到了三十岁，可以有所收获；顺着这个方向，坚持自己的原则，尝试十年后，才可以"四十而不惑"；到五十岁，就知道自己的成功或不成功都是自己的命运，心安理得就好；人生无法重来，"六十而耳顺"，能听进各种不同的意见；再到七十岁，所思所想已经内化成人的生活习惯，达到自由但不超越规矩的境界。

---

① 后人所说的《大学》"三纲领"为"明明德，在亲民，止于至善"，"八条目"为"格物、致知、诚意、正心、修身、齐家、治国、平天下"，三纲八目也成为汉语成语。

（2）动态定位，构建"定位导航系统"

第一，构建"定位导航系统"。

企业的动态定位是企业随着战略环境的动态演变，基于产业链发展、细分市场客户和企业内部资源能力的动态匹配、相互配称而构建的"定位导航系统"。这也是指导企业从万变中找到战略不变之锚的策略。

所以，企业的动态定位需要有"主心骨"和"心"，实现"境随心转"，而非"心随境转"。企业应从以下三个维度着手，实现动态定位（见图4-4）。

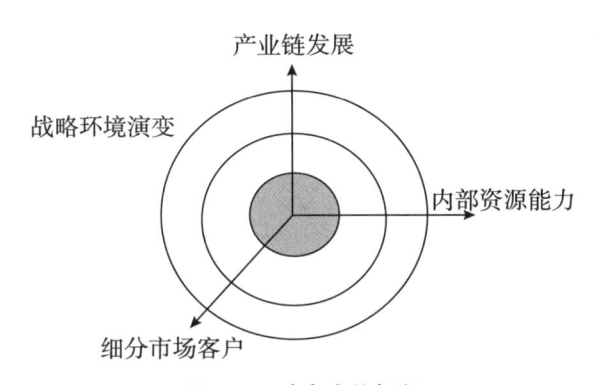

图4-4 动态定位框架

一是产业链发展：企业应在产业链结构中占据核心环节。例如，当IBM从产业链维度出发，确定战略定位为"集成电脑服务商"时，就不再销售电脑。

二是细分市场客户：企业在外部市场和目标客户头脑中要具有优势领域。例如，加多宝选择"防止上火的饮料"的定位，意味着选择"放弃"了喜欢喝汽水的顾客。

三是内部资源能力：企业应有从原有资源能力转变为战略性资源能力的新核心能力。

以上可见，战略定位是一个动态的决策过程。这与西方经典战略理论中基于现有资源能力的战略定位有所不同。

第二，了解对人生和职业定位的指导价值。

以上动态定位框架，既可以用于个人，也可用于企业。

用于指导个人的人生和职业定位时，战略环境的动态演变，类似你在没有金钱或能力约束下你喜欢的、感兴趣的，你想看到的人生的理想样子，即你的人生愿景和使命。

产业链发展，类似你人生各个阶段的里程碑事项，如设想自己30岁获得一个"而立奖章"，结识一个对你影响深远的贵人。那么，要获得这个结果，需要哪些成功要素？

细分市场客户，类似你过去、现在、未来分别确立的一个标杆对象，要能够指引你的人生方向，可以是你的上级、公众人物或者其他人。

内部资源能力，类似你自己的盘点计划，假若你要达成以上的里程碑事项，需要多长时间？一年、三年还是五年？那时的你和现在的你、过去的你有哪些不同？你需要付出哪些努力？需要哪些帮助？

将以上梳理清楚后，朝着这个方向去努力。

动态定位框架如何用于指导企业的战略定位？我们以拼多多为例。作为后起之秀，拼多多如何在众多电商平台中硬生生杀出一条血路，创立三年即实现上市，发展成为电商的另一极？

在战略环境的动态演变方面，在淘宝、京东等电商垄断竞争格局下，拼多多洞察到淘宝升级后，很多低端供应者出局的产业升级势头，也洞察到国家大力支持农村电子商务的潜在发展空间，以及网上购物人数占网民总数的比重仍然不断上升的态势。

在产业链发展方面，为了吸引低端供应链，拼多多取消了入驻平台和发布产品的保证金，在降低平台入驻费用的同时，也降低了平台上产品的售价。平台商家以一级厂商为主，减少了中间商，降低了供应链成本。另外，在类目选择上，拼多多避开淘宝排名第一位的类目服装、京东排名第一位的类目3C产品，而是以食品为第一类目，打造一条农副产品从产地到市场的"超短链"，通过平台"多多农园"等扶贫助农模式，激发市场需求与关注。

在细分市场客户方面，拼多多主要定位于农村地区和三线城市的空白客户市场，目标用户为学生群体和低线城市用户群体，通过拼团的方式，实现"低端供应链—低消费人群"的低成本连接，同时兼顾了价格优势、调动社交属性，达到二度传播的效果。

在内部资源能力方面，一是从创立之初就注重股权激励，在上市前股权激励计划已占公司初始总股本的52%；实施长青条款，规定每一年增加不超过总股本的1%作为新的激励资源。二是技术创新，开发专属的技术设备，实现平台和买家、卖家的无缝连接；利用大数据和人工智能进行分析，精准地定位目标客户和客户的需求等。

3. 资源生态，系统爆破

（1）迈向"资源生态，系统爆破"的战略自觉

前面讲到，在西方的战略定位理论中，企业战略定位很少更改，因为其定位决策的依据来源于三个因素：基于外部的产业链、市场和基于内部的优势能力（注意，是企业当下具有的内部优势能力）。而中国经济不同，"转型＋升级"期决定了企业内部的战略性资源和优势能力也在不断动态变化。

因此，战略是否具有实操性并能否落地的关键在于战略再定位和动态资源能力转换两个方面能否进行动态匹配。

只有时代的企业，没有永远的企业。在互联网、大数据、人工智能等科技创新，全球化和逆全球化需求迭变，产业链重组改造，新消费圈层出现，我国经济体制改革等多重因素影响下，企业的发展呈现三种状态：一是踏空，剧烈变动可能性大增；二是异构，新技术、新模式突围甚至颠覆的可能性大增；三是自觉，要"深谙大道"，让短期的见利见效具有长远的战略价值。

深言之，就是企业要实现战略自觉，从"多样定位，正视差异"和"动态定位，多维品牌"迈向"资源生态，系统爆破"的战略自觉。

（2）从战略合作到资源整合再到迈向资源生态，实现系统爆破

善用外部资源，本身就是一项稀缺能力。我将资源整合的策略分为战略合作、资源整合、资源生态三个层次。"英雄不问出处"，无论是较低层次的合作营销手段，还是企业间的大型并购重组，产业领袖展开的产业整合都为商业服务各参与方的合作创造了更加丰富的可能性。无论是品牌合作还是资源整合，都可能造就经典案例，发展成资源生态，重塑企业定位。

第一，战略合作。

常见的战略合作方法有：

联合促销。常见的联合促销如"为庆祝×商场成立××周年，××品牌进行优惠酬宾活动"。联合促销也会被玩得出神入化，例如美泰公司（Mattel）旗下著名的玩具品牌"芭比娃娃"，自1959年上市以来，一直致力于与服装、珠宝、日用品、电子产品等各类品牌间短时间内的联合促销活动，如麦当劳芭比娃娃、哈利·波特芭比娃娃、Burberry芭比娃娃等，让公司节约了大量开发新产品的费用。企业声称，在40多年里，芭比娃娃已经穿过超过80位著名设计师设计的服装，这也是芭比娃娃保持长久吸引力的重要原因。[①]在美国，

---

① 格博. 芭比：一个娃娃风靡世界的秘密［M］. 程艳琴，译. 北京：中译出版社，2019.

收集芭比娃娃的嗜好仅次于集邮排名第二，平均每个美国女孩就拥有9个芭比娃娃，堪称商业奇迹。

业务外包。一般来说，非核心业务、机械性业务、后台业务容易资源外置：非核心业务，例如售后、保洁、保安、餐饮、礼仪等；机械性业务，例如生产外包、机器代替流水线工人等；后台业务，例如人力资源外包、财务外包等。

客户共享，常见于目标客户群类似、产品或市场互补的企业之间，例如航空公司、酒店和出行服务之间的联盟合作，银行营业场所对证券、保险的推荐，充值话费赠送品牌手机等。

渠道共享，即将销售点和展示点的口径大大拓宽，构筑超越竞争者的优势渠道。例如，联想打开欧洲市场，与德国知名的电脑数码品牌Medion推出双品牌战略，共享Medion在欧洲等地的渠道关系。

联合调查。很多企业虽明知一手市场数据对决策支持的极端重要性，还是依赖于拍脑袋做决策。为什么？因为调查的工作量太大，专业性极高。美国浑水研究公司取名于"浑水摸鱼"，却建立了专业的调查"生态圈"，包含律师事务所、会计师事务所、对冲基金、咨询机构及内部信息人士等。例如针对瑞幸，雇用92个全职员工和1418个兼职员工，在981个瑞幸咖啡门店数人头，拍摄11260小时的监控视频，检查25843张小票[1]，还把瑞幸的高管、董事的个人资料翻个底朝天，通过这种研究方式完成市场造势和后续收割。

产品价值捆绑。不仅是产品资源的捆绑，高度整合的直面消费者需求的服务才是大商业的未来。例如，"亚马逊会员服务+免费看英超比赛"，某种程度上决定了亚马逊不只是体育市场的旁观者。亚

---

[1] 摘自《浑水做空瑞幸咖啡报告全文（中文版）》，金融界。

马逊的业务形态几乎无所不包，亚马逊Prime会员数超过2亿，形成丰富的圈层结构，分别捆绑着不同的业务产品价值。

联合品牌，是一种新型的品牌资产利用方式。著名的如Wintel联盟，依靠英特尔的摩尔定律和微软Windows系统的升级换代，二者联合垄断用户桌面端长达20多年。再如优衣库与KAWS推出的联名T恤，一件99元的联名T恤的背后是价值上亿元的潮流文化。

第二，资源整合。

常见的资源整合方法有：

联合研发产品。从创意到新产品上市有很多歧路，成功率较低，因此联合研发很常见。

特许经营，常见于餐饮、酒店等行业。比如高速公路的特许经营权是重要的融资手段。

合资经营，当企业采取进取性策略，面对更强力的竞争、进入新的市场或者弥补自身短板时，常选择合资经营，共同发展。

企业并购，包括整体并购、投资控股并购、股权有偿转让、资产置换。

第三，资源生态。

从动态资源能力来看，改革开放后虚拟经济的发展，呈现八仙过海、各显神通的局面，外部社会资源充分为我所用，企业可以作为经营组织者，雇用少量人员，即可利用社会上的土地、厂房、设备、人才、单位、资金等实现高产出。

企业战略要向外看，有俯瞰力。迈向资源生态的方式主要有三类。

一是纵向一体化整合。基于企业所处的纵向价值链，形成"供研产销"的一体化或更多资源优势。例如，某果汁企业为了保证原料供应，与下游果园结盟。不妙的是，其竞争对手也正加速在农村建立合作社，跑马圈地。怎么办？经调查，现在的农村合作社不缺合作，缺的是外部资金和现代管理。所以，该企业给果园"送温暖"，首先"送资本"，引入风险资本，成立农合发展基金；其次"送市场"，引入市场资源，设立农产品在线交易平台；最后"送管理"，设立农业企业管理培训机构，培训农业管理技术。就这样，企业一举发展了500家农村合作社，撬动了10000个果园的发展。

二是横向一体化整合。横向一体化整合，重在"整合"，是基于同一环节、同一业务的产业链横向扩张，提高规模优势。例如，极兔速递从印度尼西亚起家，2019年，极兔收购了上海龙邦速递，从而进入了国内快递市场；2021年，百世集团正式公告宣布，将国内快递业务以68亿元的价格转让给极兔，极兔从而一举进入了快递行业第一梯队。

三是平台式资源整合，通过平台式资源整合的方式打造供求双方的平台。"英雄不问出处"，互联网革新实现了连接主体和连接方式的变化，万物互联是未来的趋势。企业作为平台，应整合供需、第三方的不同资源来降低交易成本，例如优酷土豆合并、美团点评合并、滴滴快滴合并等。

小米的"1+4+X"IoT品类战略

2019年11月19日的小米开发者大会上，小米公布了"1+4+X"的IoT品类战略。

"1"，即围绕小米智能手机这一核心品类。

"4"，即拓展4类自研产品，把握娱乐、家庭、网络、办公四大场景流量入口，即影音娱乐入口——小米电视，智能家居交互中心——小爱同学，网络连接入口——小米路由器，办公场景入口——小米笔记本。

"X"，即小米生态链模式，"投资＋孵化"生态链企业，基于与生态链企业的合作，共同培育新产品、拓展新用户。小米提供的资源支持包括：品牌（米家和小米）、供应链能力（成本控制）、渠道（米家商城）、资本、产品定义、ID设计、品质要求。小米的生态链产品凭借设计风格统一、核心功能聚焦、性价比高等特色快速提高了销量。

PART FIVE

基于战略发力点的模式突破

5

传统的企业战略规划体例中很少涉及的战略发力点影响企业的生死存亡。如何找到战略发力点？一是手要低，找到"出血点"；二是捏"软柿子"；三是手低眼要高；四是手眼要协调，找到眼和手的连接处；五是高处突破。

一、启示：苏炳添和安娜的案例

2020年东京奥运会中，给我最大震撼的有两个人，他们的做法出奇地一致。

1. 向科学训练要成绩

一位是安娜·基森霍费尔，她创造了此届奥运会的最大冷门之一，为奥地利赢得了首枚公路自行车比赛金牌，被称为"奥运史上最伟大的冲击之一"。令人惊诧的是，她是一位数学家，是发表过很多顶级论文的博士后，而且已经30岁，不处于运动员的黄金年龄，2017年才正式成为职业运动员。

这和我们的认知大相径庭。半路出家，仅仅用了4年时间，不但从业余选手转型为职业运动员，而且一下子就跃升到了金字塔顶端。

她在无国家支持和补贴、无教练、无队友、无队医的情况下，仅靠对自行车运动炽热的爱，取得了金牌。她是怎样备赛的？难道"为爱发电"真的能让梦想变成现实？

安娜·基森霍费尔是这样做的：首先是自我认知，然后用极致的专业主义解构了一年半的筹备期。她将每一天都做了精细的计算：计算自己的体能支撑的距离，食物的营养配比，自己的设备和战术的匹配度，自己对东京气温的适应度并制作体温超过38.5℃时的反应表，甚至计算了赛道上的一切可能……若说这是一套专业理论，也不为过，这是安娜一个人构建的科学训练体系。

另一位就是"中国飞人"苏炳添。东京奥运会时，他已经32

岁，不在运动员的黄金年龄，但他在男子100米半决赛中，以9.83秒刷新了亚洲纪录。

苏炳添的训练方式和安娜的如出一辙，即"向科学训练要成绩"。在日常训练中，评测运动员当天的速度、耐力、爆发力等各项技术训练的负荷量度，在避免损伤和过度训练的前提下，获得最佳的训练效益；在专项素质训练中，通过高科技仪器和设备对运动员体能、技术、恢复等各个环节进行全方位监控，据此发现问题、寻找差距、制订个性化的训练方案，进而恶补短板，以确保训练负荷量度和运动技术的最佳化。

例如，针对成绩进10秒的训练目标，苏炳添将100米划分为几个不同的阶段，每一个阶段都有不同的目标。苏炳添每次比赛的时候都会拿尺子去调整助跑器，以获得最佳的起步角度。以前苏炳添起跑是右脚在前、左脚在后，后来调整为左脚在前，因为这才是短跑运动员、而非跨栏运动员通用的起步方式。

训练精细到什么程度？例如教练发现，与理想运动模型相比，苏炳添在空中停留少一拍，会导致苏炳添每一步落地时脚掌离地的高度更高，角度也更大，进而导致一部分向前的助力损耗，因此损失了不少速度，那便是苏炳添难以再进步0.01秒的关键。

"每次只快0.01秒"，成了苏炳添训练的精神内核。

2. 案例启示

无论是安娜，还是苏炳添，都给了我们无穷的向上动力，也突破了我们的认知。

首先，他们都是把"点上突破"演绎到极致的人。他们的成功与辉煌，都是源于在长期的寂寞坚守中，无止境地校正、微调每一个动作和步骤，直至找到最适合的点。广而化之，每个人都要找到自己的发力点，这是人生最重要的必修课。

其次，苏炳添和安娜显然都是破圈成功的佼佼者。苏炳添破除了长期以来国际上认为亚洲人由于生理条件限制，百米无法跑进10秒的固有认知，安娜破除了冠军只能由经过专业团队训练的职业运动员获得的固有认知。他们都是勇于挑战自己、有坚卓精神的典范。

再次，一个人，一家企业，"懂自己"很重要。所谓第二曲线、种子业务等，都要是自己擅长、能干的事情，或者是自己喜欢的事情，然后才能坚持。

最后，要守住内核（内圈），突破外核（外圈），找准自己的战略发力点。

二、战略发力点：如何构建"出血点"？

1. 战略发力点决定企业的生死存亡

发力点对战略全局走向起关键作用。战略发力点这个词，在传统的企业战略规划体例中很少涉及。但它将战略导向实施，在企业战略规划偏宏观的今天，即使蓝图很好，若发力点错了，小则事倍功半，大则关系到企业的生死存亡。

美的电风扇的项目实践

早期，我们曾为美的电风扇探寻市场竞争力提升之道。那时，美的电风扇已经连续多年成为风扇行业产销量冠军，号称"全球风扇首席品牌"，但艾美特电风扇等竞争对手步步紧逼，让美的越来越感受到对其市场的威胁。

美的电风扇内部流行着两种论调：一种是随着居民生活水平的

提高，空调在城市已经普及，电风扇可能没有多大的市场空间；另一种是很多消费者认为电风扇直接吹会伤身体，不健康，而且外观设计单一、陈旧。

美的和艾美特都实施了很多产品创新。美的的路线以叠加健康功能为主，如驱蚊风扇、带负离子功能的风扇、紫外线杀菌风扇等；艾美特的路线以外观创新为主，如5扇叶风扇、可拆卸底盘风扇，尤其是塔式气流扇的推出，彻底颠覆了传统造型。

从市场反馈来看，艾美特和美的的差距越来越小，部分主力门店的销售数据甚至超过了美的，美的高层坐不住了。

项目组进场调研后，一个核心问题和两个关键结论引起了美的重视。

一个核心问题是：美的产品特点和渠道能力的错位，导致产品销售乏力。美的的功能创新型产品存在如何让消费者接受的问题。产品首先应投放在具有推广能力的渠道，让消费者充分认识到产品利益点，完成消费者教育，再投放到分销能力强的渠道，放大销量。但美的渠道更擅长分销，推广能力并不突出。

两个关键结论：一是美的电风扇的市场重心应该由一二级市场逐步下沉至三四级市场；二是掣制美的电风扇渠道重心下沉的是组织重心太高，资金流、物流、信息流均集中在城市内的甲级经销商。

一个市场重心、一个组织重心，两个战略发力点的转变，促成了美的电风扇选择深圳关外市场（2005年，深圳关外19个乡镇进关还需要过检查站）作为试点。市场层面，项目组协助理顺了供—产—销适应三四级市场的策略打法；组织层面，根据三四级市场特征创新了"一级半"的组织模式，实现了由下向上推动美的电风扇市场—组织变革的风潮。

2. 如何找到战略发力点

在百年未有之变局下，从高速增长转向高质量发展，企业的核心命题一是要创新，二是试错。要找准战略发力点，其关键在于"手低眼要高，手眼要协调"。

"手要低"，即做事必须脚踏实地，从非常小的点切入。最要紧、最迫切的是找到战略发力点，知道力该往哪里使、怎么使，保证公司能够活下来、活得好。否则即使做了长篇累牍的战略报告也没有多大用处。

"眼要高"，即能看到引领企业向前突破的愿景和方向，需要大的格局，保持战略的前瞻性，以及对未来的洞察力。

战略发力点框架模型如图5-1所示。

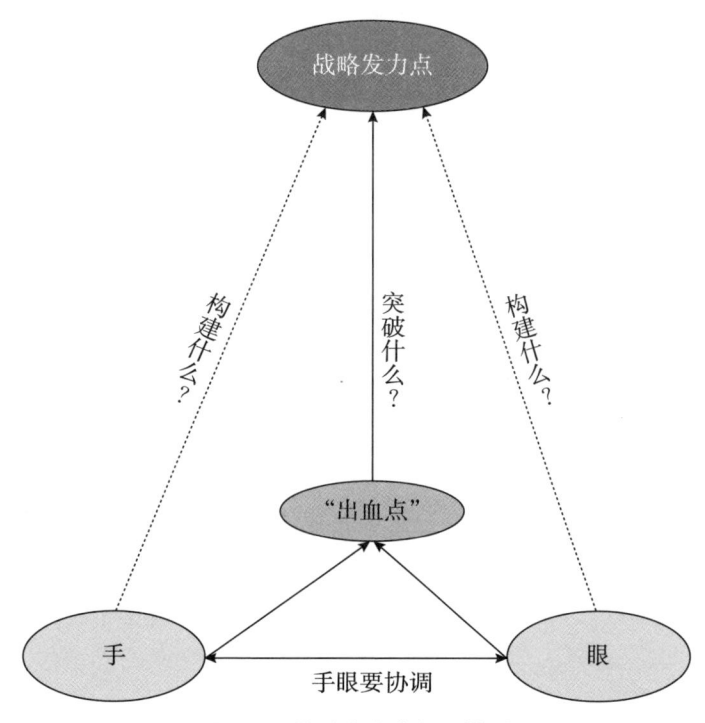

图5-1 战略发力点框架模型

法则一：手要低，找到"出血点"。

发力点要小，找到"出血点"，核心要义是一定要见到效果。

我听过两句非常直接、有穿透力的话。一句是明朝王阳明在《传习录》中说的"杀人须就咽喉上着刀，吾人为学，当从心髓入微处用力，自然笃实光辉"。我们知道王阳明成就"三不朽"——立德、立功、立言。在立功方面，他用1年时间平定了为患数十年的江西贼寇，仅用43天就平定了酝酿十几年的宁王朱宸濠叛乱，打仗时讲究"心战"——此心不动，随机而动，在战斗决策过程中仍然在教学生良知之学。这里的"杀人"句，更多是为了类比"为学"句，意在指出做事情要抓住关键，"咽喉上着刀"就是最有效的切入点。

另一句是马云讲的"刺刀捅进去就出血"[①]。他的原话就是针对企业战略讲的。当有了一张战略图之后，一定要找到一个一刀捅进去就会流血的地方，闻到血腥味大家自然会冲上来，皮就一定能被撕开。如果有四五个点都是拿小钉子敲，敲了几年下来没有一个点被敲破，所有人都会崩溃。

一位是古代的圣人，另一位是现代的企业家，他们的话都是见本质、穿透式的。"咽喉上着刀""刺刀捅进去就出血"，重要的就是一定要科学有效地找到一个非常小的点切入，把它做深做透，彻底地把桩打进去。

企业战略中，我们常见的是追求宏大叙事的战略布局，类似"一体两翼、四大板块、八大业务布局""覆盖多种业务模式，搭建一个全产业链IP联动平台"……这些话是说给外人听、当企业广告

---

① 摘自微信公众号"阿里味儿"（阿里巴巴官方文化账号）2017年8月发布的文章《曾鸣：跟马云创业总结的四个心得》。

用的，很漂亮，很光鲜。问题在于，企业孜孜于勾勒几大布局、商业模式，行动上就会以此为战略发力点，导致"凑单""凑业务"式的业务扭曲。实务中，战略不是论文，很大程度上是讲不清楚的，企业的商业模式、盈利模式和业务模式的形成过程，也是一个逐步打磨的过程。打磨不是在脑子里磨、在纸上磨，而是在事上磨。

在事上磨，就是必须一开始就敢于从小的事情切入，切入之后要看到有放大的可能，这就是找"出血点"。我们可以用一个公式简化并固化它

战略发力点＝"出血点"

法则二：捏"软柿子"。

捏软柿子，在传统文化语境中有欺负弱者之意。此处无意牵涉人性。做企业、打仗，需要多种角色、策略。捏"软柿子"，也是一种战略智慧。

即使是强者，要达到一统的目的，也要有策略。举一个很经典的例子，在战国时期六国和秦两分天下的格局中，形成了苏秦主张合纵抗秦、张仪主张连横逐个击破的局面，那么在这种情形下强秦如何能够灭亡六国呢？从史料记载来看，秦扫六国的顺序依次为韩、赵、魏、楚、燕、齐。这一顺序有什么深意？就是从"软柿子"捏起，先吃掉积弱的国家，再进攻难啃的骨头。韩国是最弱的，《战国策·赵策一》中说"秦蚕食韩氏之地"，意思是即使在灭韩国的过程中，秦国也是从边缘的"软柿子"开始，逐步侵占；然后，赵国在长平之战损失了45万精兵，魏国的战神吴起出走楚国，雄悍的魏武卒已经空有名头，这两个由强转弱的国家，是第二、第三个灭亡的；楚国地方最大，但国君很弱，秦国还是先捏"软柿子"，先是张仪欺楚，引发强硬派的屈原投江，楚怀王被骗客死秦国，最后由白起一

举破楚；最后灭亡的是一度"远交近攻"、距离秦最远的燕齐两国[①]。可见，秦之所以能灭六国，是因为其不但挑"软柿子"，而且先从最软的部分"吃"起。

战略上从"软柿子"捏起，就是将一个大的任务像切香肠一样分解成多个小的任务，像蚕吃桑叶一样一点一点地吃掉。就像微信，不需要自己建立通信网络，只需要通过互联网，先蚕食短信和彩信平台市场，继而逐步蚕食传统语音市场，运营商发现被抢占了"大奶酪"时，已无力竞争。

所以，要以较小的代价拿下较大的成果，这是军事谋略，同样是企业战略。尤其在企业谋划突破初始，先从"软柿子"开始捏，捏多了就可以啃硬骨头。

法则三：手低眼要高。

什么是"眼要高"？就是要有宏观思考的能力，保持对未来的想象力，保持大的格局。

例如，你欣赏一幅书法作品的时候，究竟在看什么？你在关注一家企业的时候，注意看的是什么？如果看一幅书法作品，只评论这幅字好，那幅字不好，往往不是眼高，是无知。评价一家企业也如此。回顾一下发生在华为的故事：华为的一个新员工，北大毕业，刚到华为时就公司的经营战略问题洋洋洒洒写了一封"万言书"给任正非，原本以为自己独到的见地能够打动他，但结果任正非批复建议辞退。

何谓真正的眼高？在看一幅字时，看到的是书法家如何运笔、如何转折、结构如何、哪些可以借鉴，否则你既无从体会怀素的"惊蛇入草"，也难以体会黄庭坚从"长年荡桨"中悟得的荡桨笔法。

---

① 孙皓晖. 大秦帝国[M]. 郑州：河南文艺出版社，2008.

在分析一家企业时，更是要脱离自身在企业中的位置，从企业的产业环境、企业地位、组织模式、人才梯队等方面全盘看待企业，才有可能获得整体的洞见。

法则四：手眼要协调，找到眼和手的连接处。

手眼要协调，就是一边眼要高，一边要找到眼和手的连接处。

只有找到眼和手的连接处，才能真正做到"眼要高、手要低"，企业才能做到"雌雄同体"。

如何找到眼和手的连接处？如果"一味研穷体理，不轻下笔"，那永远只能活在想法中。

要找到眼和手的连接处，首先要做出选择。这个选择就是找到战略发力点，找到"出血点"；做经营而不是做管理，琢磨赚钱之道，"见血"即见到钱。

其次以小见大，一切围绕战略发力点。经营者要逐步做到眼睛向外看产业、眼睛向内盯指标，通过指标把眼睛向外和眼睛向内二者串联起来，这就是眼和手的连接处。这个过程依然要做出选择，但不仅是单一的选择，而是不确定时代下的战略选择。

高德何以胜出？

我以前外出打车时，经常会催促司机师傅"赶时间，快一点"，那时还是司机师傅脑中的"活地图"与手机导航软件争锋的阶段。

后来，手机导航软件成为出行刚需，人们"患上导航依赖症"，高德地图凭借良好的用户体验逐步在手机导航软件市场中胜出。

我的用户体验源于一次出行经历。在使用高德地图导航去加油站途中，我搜索了附近的加油站，选择了其中一家，享受了折扣价；无意搜索了一下附近的美食，发现一家心仪的餐馆就在附近，也有优惠券。后来在出行找景点时，我也习惯了打开高德地图，结合距离、评价等决定是爬山、逛公园，还是去博物馆。

分析一下，高德的战略发力点是基于"地图导航"这一核心业务做好用户体验，做到了眼睛向外看产业；模式上是基于业务特点，串联了一系列围绕"吃穿住行娱购"展开的精准服务；用户体验上不花哨、不扰民，做到了眼睛向内盯指标。这使得地图导航业务兼具了生态黏性，这就是企业找到了眼和手的连接处，切入"出血点"，从而成为"雌雄同体"的企业。

法则五：高处突破。

突破过往的粗放式增长方式，突破过往路径依赖下的增长瓶颈，突破思想障碍、战略转型障碍和组织障碍。

突破企业内部的一个个拐点，这些拐点又构成了企业眼和手的连接处。

例如中国的家电行业。城镇化进程逐步放缓，房地产市场深度宏观调控，家电产品更新换代需要5~10年的周期，这些都意味着消费需求更多来自存量升级，而非增量，家电行业进入了下一个发展周期的拐点。以往营销上的扁平化或短视频化，品牌上在保鲜、健康、智能或者生活方式方面的比拼，资本上的并购整合，已不能触及行业根本的痒点和痛点。所以，当行业进入低增长的痛苦期时要进行真正的洗牌突破。

美的重塑增长逻辑的突破之路

以美的为例，2010年销售收入首次突破了千亿元规模，但到了周期性拐点显露端倪的2011年，美的发现市场从产品短缺的高速增长时代，正在过渡到产能过剩、市场收缩的时代。用方洪波的话说，他隐约听到了"美的正在瓦解开裂的响声"。为了避免像海明威小说《太阳照常升起》里的商人"慢慢瓦解，顷刻崩塌"的破产结局，美的立即展开了对"大规模、低成本制造、性价比取胜"企业增长逻辑的检讨。

由此在2011年下半年拉开了变革序幕。美的开始"急刹车"，减员瘦身，推进战略转型，从营销驱动转向技术创新驱动，制定了"双智"战略，以"智能家居""智能制造"为两翼，成立了美的中央研究院和智能制造研究院；从规模导向转向效率导向，确立了"产品领先、效率驱动、全球经营"的变革方向，砍掉了原有2.2万个产品型号中亏损的、低毛利的、缺乏核心竞争力的7000个产品型号，停止30余个产品平台的运行，几乎将非家电业务全部关闭，聚焦于白电板块。美的在内部推进创造、创新，在外部进行合资、合作、融合、并购，发展成为全球化的科技型企业，为自己打开了成长空间。

以美的等为代表的家电企业的突破，本质上是突破周期性的拐点，从一年10%以上的高速增长，迈向中高速增长，从而成为全球化的科技型企业。

三、模式突破：营造多个"出血点"

在企业做战略规划时，有的会提炼发展模式。企业战略规划中的模式设计，往往或者来自战略布局的图示化，或者按照经典教科书命名为"多元化模式""聚焦模式""纵向一体化模式"等，形式上正确，但从战实一体化要求来看，尚停留在表面，未能进一步指导有效落地。企业的发展模式是从哪里生发出来的？小草是从一粒种子生发出来的，小鸡是从一个胚胎发育而来的，但战略报告中的发展模式，很难找到具有强关联性乃至强实操性的生发点。

企业的模式突破，根基在于企业的战略发力点。模式本身就意味着"点"上的组合。基于战略发力点的模式突破，潜藏着企业的命运走向。而企业的战略发展模式突破，其内涵也来源于前述企业破圈的前提条件：产业链条有更大的成长空间，核心消费人群发生变化，具有核心能力（禀赋）。

1. 寻找企业的"三级火箭"模式

在增量发展的改革开放期，在产业融合与重组、市场需求变化、制度改革等多方面因素的共同作用下，中国企业更倾向于做业务与盈利模式、组织模式等的"转型"，而非内在技术生产运营能力与竞争力的"升级"。而在高质量发展阶段，时代倒逼各行各业大力开展以创新引领发展的"破圈"实践。

尤其在存量博弈特征下，我们很难再找到一个"用望远镜也看不到对手"的行业，行业领先者集体攻向产业链上游并延伸产业链条。例如华为，经历了"卡脖子"的限制，华为的芯片设计能力即使再强，已经能够设计出5纳米高端手机芯片，但芯片制造环节的缺失，仍一度让消费者业务大伤元气，难以大展拳脚；OPPO、vivo、小米等虽然抢占了华为退出的部分市场份额，但核心芯片也还是被"卡着脖子"……

中国企业在战略上集体上移，寻找自身的战略支点。破圈战略的第一级火箭早已发出，第二级火箭正在发射，第三级火箭展开布局。企业的"三级火箭"，一节节破圈而出。

企业的"三级火箭"如图5-2所示。

5 基于战略发力点的模式突破

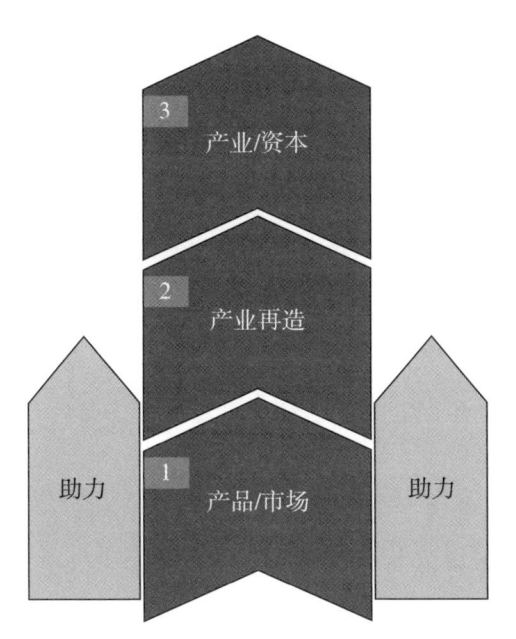

图5-2 企业的"三级火箭"

第一级：基于产品/市场的流量增长——企业通过产品、技术或市场的获取，打开增长空间。

第二级：基于产业再造的第二曲线——企业通过相关联产业或技术的外部获取，再造增量空间。

第三级：基于产业/资本的合作或并购——企业通过产业链核心环节及力量的延伸获取，强化产业势能。

"三级火箭"层层递进，分别解决了不同层面的问题，每一级都围绕核心优势进行强化再造，彼此之间相互影响，形成连锁效应，实现从品牌位势到利润规模上的代际升级和指数级别的增长。

前身是中国人民解放军铁道兵，现在是"巨无霸"央企、A+H股上市公司的中国铁建，分拆控股子公司铁建重工，为什么？因为铁建重工是一家专业从事掘进机装备、轨道交通设备和特种专业装

113

备的设计、研发、制造、销售、租赁和服务的大型专业化企业，它的出现，改变了国内隧道掘进机等高端地下工程装备长期被国外垄断的局面。这就是一枚战略破圈之箭，铁建重工在科创板上市，高端装备制造业的估值更高，对中国铁建的科技创新、产融互动将起到战略示范作用。

TCL集团，大众提到它几乎都会想到"老牌彩电企业"。事实上，这家低调的企业集团，已经破圈发射了企业的"三级火箭"，实现"鹰的重生"。

第一级火箭，是大众所熟知的两次国际并购。2004年，TCL集团分别并购了汤姆逊的彩电业务和阿尔卡特的手机业务。2005年，经过努力改造的汤姆逊在欧美市场开始出现止损的迹象，然而，屏幕技术的变革使汤姆逊所储备的DLP、PDP显示技术瞬间成了落后的技术，而LCD成了主流，TCL集团因此也经过了一段痛苦的挣扎期。在此期间，TCL集团将彩电、手机等终端业务打包出售给TCL控股，为二次变革作准备。

TCL集团发射的第二级火箭，是在终端产品产业门槛低、对手多、增长有限，而韩国企业却依靠上游的核心技术能力超越了日本企业成为全球市场主宰的背景下，在2009年推动企业转型升级，创建华星光电，开始进入半导体显示产业领域，实现"面板模组整机"产业链一体化垂直整合。

现在，第三级火箭展开布局，TCL集团在100%收购天津中环集团之后，进入了半导体光伏和半导体硅材料领域，利用其与TCL所在的半导体显示行业的较大相关性，将管理和变革经验良性输出，向具有全球竞争力的智能科技产业集团迈进。

2. 如何基于战略发力点实施模式突破

（1）模式突破的关键

第一，关键是营造多个"出血点"。

战略发力点的关键是"刺刀捅进去就出血"，战略发力点必然牵引出一套模式突破的组合拳。

就像陈氏太极拳的缠丝劲，很多人只是看到画弧画圆但不明白其原理。其实，太极拳主张借力打力，所以要画圆弧。一个人若练到劲发于脚底，练出开胯，就能够发出来一种力，即缠丝劲，也叫螺旋缠丝劲。

太极拳发力的点看起来是手，但发出来的力要源自整体，叫以手领劲、以身运手、以心运身、身手合一，所以也叫整劲。缠丝劲讲究沾连法，以肢体螺旋形的屈伸进退，像丝缠绕上去一样，把对方的肢体沾连住。就像模式突破，要制造多个"出血点"，"以缠丝法捻住其肉，当缠而绕之、沾之、连之、黏之、随之，令其进不得进，进则前入坑坎；退不得退，退则恐我击搏"[1]。

第二，模式不需要阳春白雪，只要有效。

例如，史上最"洗脑"广告中，脑白金绝对名列前茅，但有没有人想过，这样的广告为什么能长盛不衰？

因为脑白金广告中极度务实地制造了一个个的"出血点"，形成了一套见利见效的模式"组合拳"。

功能上，产品功效是改善睡眠，因而形象地取名为脑白金。

客户细分上，不面向孩子、成年人，而是面向身体机能退化、经常失眠的中老年人。

产品定位上，考虑部分老年人自己购买有困难，因此在保健品

---

[1] 陈鑫. 陈氏太极拳图说[M]. 太原：山西科学技术出版社，2006.

的概念上叠加了礼品属性。

营销上，精准选择公园、养老院等老年人聚集场所，免费派发，试验功效；终端上要求将产品纸箱做成堆头，占领显著位置；市场上走"农村包围城市"路线，将江阴市场做深做透之后才向全国扩张。

人才上，抓总放小，隔级任命，而且基层全部外部市场化取薪，杜绝小山头，杜绝混懒散。

资本上，在2003年脑白金做到市场高点的时候，以11.7亿港元的价格将脑白金所属上海黄金搭档生物科技有限公司75%的股权出售给港股上市公司四通控股，急流勇退。

（2）每个发力点的盈利模式不同

每个战略发力点的盈利模式是不同的。企业需要甄别，需要求真务实，而且也一定要敢于谈钱。

比如前面讲到的某国家级高端咨询机构战略规划案例。

内核（从高端咨询到国家重点智库机构）战略发力点：突破混营。其盈利模式是"流量+转化"。

中核（"规划+"业务）战略发力点：突破前端。其盈利模式是"存量+产业链条补齐"。

外核（"总院平台+生态"）战略发力点：突破自建。其盈利模式是"自营+投资生态圈"。

再如前面讲过的博天环境被葛洲坝生态收购的案例。

博天环境擅长的工业水处理领域，其盈利模式一般是使用者付费、市场化定价；博天环境"十三五"战略进入的市政污水处理领域，其盈利模式一般是政府付费，同时结合中央财政资金、国债和地方债等。看似都是水处理，但其业务生态、资金调度、利益获取方式却然不同。

依此，我们再去看一个个行业的战略向"上"、转型升级，钻研进去，就可以举一反三，在企业战略出发之初，就能识别看似混同、实则歧路的一条条小径。我们就能知道，一家房地产企业，例如恒大，在转型突破的战略多元化上，对新能源汽车、矿泉水、体育、物业、粮油、旅游、影业等的高举高打，是在制造一个一个"失血点"，即使某板块获得阶段性成功，也是用资金、人力等硬成本砸出来的，长远看还是会"失血"。

（3）识别具体模式，杜绝盲目多元化

所以，企业的模式选择里潜藏着企业的命运。

在这个时代，企业既要充分地挖掘自己现有的能力，快速把它变成赚钱的工具；还要细察具体模式，杜绝盲目多元化。

海底捞在这方面堪称表率。海底捞把餐饮当成"基础设施"，尽力挖掘各个部门的"出血点"：将财务部门做成了财务咨询公司；工程部实现外部市场化，承接外部装修业务；甚至将火锅调料装进颐海国际，实现了单独上市。

饿了么也堪称表率。早期，外卖还只是作为商家堂食业务的延伸，饿了么的服务对象也只是"不做饭的群体"。然而，随着移动互联网的普及，当互联网"原住民"——"90后"成为外卖消费的主力军后，饿了么迅速调整了战略，从一家外卖O2O公司破圈而出，发力点从服务不做饭的群体调整为提供30分钟内到家的即时配送服务[1]，并由此率先确立了平台级外卖公司的模式定位，迅速针对新用户——城市主流消费人群，选择新场景——例如电梯场景，开启"饿了别叫妈，叫饿了么"的广告触达，广泛营造"出血"效应。饿了么不仅成功地将外卖提升为消费者通过时间交易改善自己时间成本结构的服务，使外卖成为一种生活选择、生活方式，而且使饿了

---

[1] 参见微信公众号"饿了么"发布的张旭豪2017年会演讲相关内容。

么App成功破圈成为一款国民级的应用。

再如携程，从第三方机票预订平台开始业务延伸，产生长尾效应。其中，针对旅客的附带保险业务，尤其是延误险，成为携程最赚钱的业务之一。

四、案例：战略发力点转变前后的模式之变

我在管理咨询行业从业多年，每年对接很多企业需求，并组织团队帮助企业规划、实操。回头看很多企业客户的需求，几乎可以归结为两个字——转型。多数企业客户聘请咨询公司就是为了破圈而出，以突破企业感觉明显、但又说不清道不明的那道藩篱。

下面，我通过一个亲身操作过的东北某复合肥企业的案例，来阐述战略发力点转变前后的模式之变。以下，从区域商业结构中最基层的种植大户调研开始，再现了操作该项目的几个横切面。

种田能手夏兴云——乡村振兴的一个典型标本

早春三月，泥土已经泛软。三家子村七队的土街道上，左手边是黄澄澄的玉米笼子，右手边是红白轮廓的户家宅院，中间是车辙碾轧过的黑黝黝的路面。夏兴云手一挥，示意我跟上："这些玉米笼子不够，还得起。"

东北的房子庭院很宽敞，一辆别克车停着，只是占了一个角落。打开正屋，在透进来的光柱间穿行而过，我们进到里间，一片静谧。"孩子们都在市里上班"，夏兴云边说边蹿起脚上炕，一直行到炕尾，翻出一个本子。

大叔的字很好辨认。我吃惊地看到，他按照年份将每一年包了

多少垧地、玉米总产量、平均亩产、施肥牌子、施用量，记录得清清楚楚。

"喏，2007年，玉米亩产2380斤，2008年2200斤，2009年2500斤，2010年2100斤，用的都是村里介绍的各种掺混肥，四年平均亩产2295斤；2011年开始用AAA肥，亩产一下子到了2880斤，2012年2480斤，2013年2400斤，三年平均亩产2587斤。"夏兴云脸上有光，像是戴着大红花一样。

这是在东北，吉林省长春市双阳区山河镇三家子村，种地能手夏兴云家。

他是一位普通的种植大户。他包了25垧地（一垧约合15亩），其中20垧地专种玉米。亩产增收几十斤，对一个农民来说是老天的额外恩赐。

1. 玉米生产资料的商业图景

夏兴云这样的种植大户是一类人群的缩影——把玉米地当成自己孩子一样珍惜的农民。但调研越深入，我们就越明白是什么决定了商业的走向。不是最上层，而是最底层的决策深藏着解开商业密码的钥匙。

（1）商业图景

他们是怎么购买玉米化肥的？以前更多的是通过经销商或经纪人。"华英那年来这里推销，说这个肥好，但是贵10元，我就买了一袋，然后用两种肥料分别施肥，结果到了秋天一看，我就知道这两种肥料差不多。"

华英是经纪人。东北每个村屯都有一些能张罗的人，一般是村干部、小卖部老板等，帮助经销商推销种肥药，每袋肥能提成5元左右。

我们去拜访一个村屯的经纪人，约在街口的小卖部。我们去时时间还早，但不到十分钟，拉拉杂杂十多个人撩门帘进来。小卖部就是一个村屯的俱乐部、情报中心和娱乐中心。大家就着麻将桌开聊："最集中的一般在9月，老百姓要备肥，经销商都抢人头开宣传会，一个会不来百十号人都不叫成功，都得我们来召集，免费吃喝，还得抽奖，带到田间地头做宣传。"他们是左右玉米生产资料的意见领袖。

我们又去拜访经销商。经销商是分层级的，实力强的地盘就大，他们会建起很大的平台库用来储肥、调节流量，但对竞争的无序也很苦恼。"一般小厂家含氮量没问题，但会从钾上做文章，钾的含量不够，标55的，连50都不到。"有的经销商下雨天还沉在村屯里，一吨肥平均能赚500元，当然不是钱的事，是网络能不能稳固的问题。"去年我卖AAA肥卖了500吨，今年因为家里有事没下村屯运作，目前才卖了300吨。"有的经销商摆摆手，"干不动喽。第一得请吃喝，现场订货得打折扣；第二得雇车，把化肥拉到人家家里，有的人家还不搭把手，你还得找人装卸；第三钱还不是现款，还得赊销。"

我们还拜访了合作社。"包地成本可不低，1万元一垧地都打不住。而且土地达到一定量的种植户都想直接对接厂家，对我的冲击很大。"

（2）商业真相

一圈调研下来，"种植户—经纪人—各级经销商（合作社）—企业"这条商业流通链条看似纷繁复杂，脉络却无比清晰。关键是，不管哪个链条层级的人都在自己的圈中，虽然每天忙于求生存、促发展，但他们都是圈中人。

种植大户老老实实地种地，是东北玉米地里真正的"稀缺动物"，年龄多在50~60岁，子女"接班"种地的少之又少。碍于眼界的狭窄，常被经纪人或经销商的话术或人情蒙蔽，但种植大户多是勤劳且善于思考的人，用肥知识和农化技能提高很快，消费趋于理性，觉醒的力量喷薄欲出。

村级经纪人是东北玉米产业的一种村级现象，他们是经销商和农民之间的中介，看似是意见领袖，实则缺乏专业知识，沉浸在一袋肥几元钱的即期利益以及貌似组织者的中间角色中，对自身成为乱价来源之一缺乏认知，甚至还视自己为组织者。

层级经销商作为距离厂家最近的商业力量，精明于对市场行情的把握、对渠道网络的建设，但大多沉溺于商业有大小、结构不会改变的想象中。

企业原本是最有资格做组织者的，但却把市场交给层层渠道。吉林省十几年来产销量第一的龙头企业，在最下沉、最贴近老百姓、最贴近玉米黑土地的农业生产资料领域，很多当地经销商却以为该企业的品牌是个小牌子，很多种植大户根本没听说过。当企业自我感觉是"一条街上最靓的仔"的时候，它不知道街道之长，随时在起什么变化。

以上是玉米产业链的上游——农业生产资料领域的商业全景。

2. 向前一步走出圈

年年难做年年做，商业是纷乱而又蓬勃兴盛的。觉醒的力量，就深藏在自身所处的生态圈中。作为咨询顾问，我们是有能力穿透商业链条的。

对合作客户AAA企业来说，作为商业流通链条上的顶级捕食者，它需要身先一步捅破蒙蔽自身的那个圈。

（1）破圈战略之"一级火箭"

走出蒙蔽圈，就是推动整个链条走向可控，走向有组织的增长。

首先，重新校正企业的支点。生产资料板块需要重建商业秩序：商业流通的核心力量在种植大户而不是经纪人，如果一家企业打不通种植大户和企业的真实链接，难以想象这家企业会有未来价值。

其次，基于企业内部能力半径进行向前一步的突破。

第一，要成为复合肥龙头吗？在化肥零增长的时代，企业早该向前一步走，完成种肥药一体化的构建。

第二，要将组织者的力量依托在经纪人身上吗？那是企业的懒汉思想。组织扁平化的重心要压到种植大户和合作社身上。企业不应该混迹在"最掌握商业的人"的圈层，而应走向"最掌握土地的人"的圈层，把触手直接伸到农户中，可以采取多种方式，例如与厂商联动的方式。

第三，业务员应该只盯着平台库的大户吗？渠道重心在经销商还是在平台库？难怪业务员不识种植大户"夏兴云们"，"夏兴云们"不识品牌、不识业务员呢！盯着大经销商起不到什么作用，充其量成为经销商的"小弟"，自我矮化。业务员需要有两个根本转变：一是职能重新界定，重新上岗再培训，要变成技术性销售，用技术把经销商重新武装起来；二是工作重心转变，要有计划地为负责区域的种植大户进行系统的技术性讲解、推广，走到村屯里边去。

第四，农化服务部门的职责就是协助办证、通过电话响应农化服务下乡的需求吗？如果这样的话效率就太低了，影响面也有限。核心是要把业务员武装起来，借助村屯玉米地里的鲜活案例、经验、话术，升级自身的话语体系，实现化肥知识、品牌传播一体化服务模式，推动AAA品牌农化服务走向服务营销。

第五，大平台库经销商仍浮在食物链的上一层吗？商业功能要变，向前一步走，物流、仓储、批发，要按新结构重新划地盘。

第六，要开终端店吗？走出阵地，向前一步，打造线上线下销售、传播、服务平台。

第七，种植大户怎么办？他们是距离土地最近的人。将他们成批地请到厂家来交流培训，请种植大户分享经验、心得和高产秘诀，把种植大户搞成第一批会员，建设AAA样板示范田、示范村、示范户。

总结来说，破圈的关键是激发出新关系：企业重新确立依托之本，重建示范田，活化终端，更新农化服务和业务员的功能重心等，其实质是以消费为龙头而非以渠道为龙头的破圈。

（2）破圈战略之"二级火箭"

后来，我们继续为AAA企业提供服务。当时，复合肥的销售半径基本在150公里，如果超出这个距离，物流成本就变得不经济。解决策略是市场阵地向前一步走，组织重心下移，确立百公里连锁平台，集简单加工、存储、物流配送、销售服务于一体，按照区域级别分出不同功能组合，相当于厂家在各地伸出了一只只触手，重塑了商业流通结构。种、药事业部分别成立，叠加产品事实上并不容易，但这是正确的一步。

百公里连锁平台的合纵连横，持续的二次破圈升级，表面上看是商业结构的重塑，背后实质要打破的是过去的"经销商预付款（要付1分利）+农民赊销"的"类金融"操作模式。企业看上去光鲜亮丽，实则困苦，资金流、物流、信息流都要打破重塑，才有未来。

（3）破圈战略之"三级火箭"

再后来，企业确立了有限产业链战略，这成为企业走向高质量发展的转型战略。企业是需要转型的，在一个存量市场博弈终非久长之计。之前的连锁平台发展，已经预埋了孵化合伙人的体制基因，于是，企业确立了为种植户提供"从农资到种植技术服务再到订单农业"全流程的一体化种植产品和服务的平台化发展模式，孵化培育一个个的小平台，成就新时期的大平台。

PART SIX 6

三维策略，
实现系统重塑

从"透过现象看本质"演进到"洞察本质看现象",从纵向穿透、横向裂变、赋权赋能三个维度,构建三维策略结构,通过内外互动,形成破圈效应,将结果导向企业的系统重塑。

一、更有效的策略：从"透过现象看本质"到"洞察本质看现象"

1.透过现象看本质

过去几年里，无论是国企还是民企，处于哪个行业，很多企业的战略规划，大而化之就是两个字——转型。怎么转型？战略内在的要求就是调结构，既要创新，还要做增量，实现较高的增长。

我们为一家高速公路上市公司做研究战略，企业内呼声最高的是要多元化发展，因为2013年交通运输部起草的《收费公路管理条例（修正案征求意见稿）》明确经营性公路收费不超过25年。这就意味着这家上市公司的核心资产——经营性公路是无法永续经营的。而国内那些车流量大、收费较高的优质路段，很多修建于10年以前，即很多高速公路上市公司的核心资产——优质路段的特许经营期还剩10～15年的时间。到期后，这些上市公司怎么办？我们选定行业内几十家A股、港股上市公司，从其招股说明书到其上市后历年的年报，系统扫描了一遍，发现所谓的标杆上市公司业务多元化较为普遍，但多年来跨行业经营不善，利润比不上主业不说，反而在损害主业专注度，因此辅业投资普遍呈收缩态势。那么，面对这种多元突围的方向性迷局，企业应该走怎样的道路？

类似的例子很多。这就需要我们能透过现象看本质，需要去粗取精，去伪存真，由表及里，由此及彼。

就像我们知道，一天有二十四小时，昼夜交替，是因为地球自转；

一年有三百六十五天，春夏秋冬四季更替，是因为地球公转；地球离不开太阳，我们不管蹦得多高，总归要落回地面上，这是由万有引力导致的；远古猿类经过百万年进化成为现代人类，是因为"物竞天择，适者生存"。

我们要逐步学会撇去外表一切冗余、繁杂的因素，冲破"乱花渐欲迷人眼"的表象，不断运用"奥卡姆剃刀"①，化繁为简，探寻事物的本质。

2. 洞察本质看现象

先看到现象，再去分析现象背后的本质，似乎成为一切认知及行动的必然。但事实上，本质或规律就在那里，就像仓央嘉措说的，"你爱，或者不爱我，爱就在那里，不增不减"。所以，从更广阔的尺度来说，是先有了本质或规律，才衍生出无穷无尽的现象。

透过现象看本质。通过后天的不断努力，当你拥有了看透事物本质的能力，就会形成自身的"本质化模型"。就像查理·芒格的多元思维模型，他说："长久以来，我坚信存在某个系统——几乎所有人都能掌握的系统，它在你的头脑里形成一种思维模型的框架。有了那个系统之后，你就能逐渐提高对事物的认识。"

一旦有了自身的"本质化模型"，就能走到事情的背后，直入核心，拎起事件的本质性逻辑，将该事件的各种枝节、要素及表象统统用"奥卡姆剃刀"剃掉。

这时，透过现象看本质就会演进为洞察本质看现象。

3. 黄金圈法则

在中国神话中，鸿蒙初开，万事万物都有原点。我们要解决问

---

① 奥卡姆剃刀原理，即"简单有效原理"，意为如无必要，勿增实体，指在两个类似的解决方案中，应选择简单的一个。

题，就必须回到原点思考问题。

面对一个问题，你的思考方式是不是层层剥笋，由表及里？先了解是什么问题，然后思考怎么解决问题，最后思考为什么要这么做。

这是我们常规的思考、行动与沟通方式。它们的特征，都是从外向里，从枝丫走向中心树干，是透过现象看本质。

常规企业的做事方式也是从战术汇集成战略，从各件事串联起逻辑，遵循的思路是：我是谁？我能干什么？我和其他企业有什么不同？我们看企业的简介，几乎都在遵循着这样的叙事结构。就像我们战略教科书里做战略的十步法，麦肯锡的七步成诗法等，我们严格遵循着做事的顺序。这些步骤、模型，逐步升华成为一种体例，成为模板一样的事物，无论什么类型的企业都可以按照体例结构来做。

直到我见识过几位很牛的企业家，他们寥寥几句就洞穿了做事的本质逻辑，他们先是造出一片生态，然后将大的条线举措及逻辑细化充实，我才恍然发现，我竟然面对的是一位洞穿了本质的人，是一个掌握了原理的人，他们的思想不是我们习以为常的战略教科书可以框得住的。

具有本质思考能力的企业家，首先思考的是"为什么"。他们对组织的目的、信仰和路线很清晰：这个组织（公司）为什么存在？该行业领域为什么需要这家公司？客户为什么在乎这家公司？

有一个黄金圈法则[①]，来自美国的Simon Sinek，很简洁，很直白，因而也有很强的感染力。黄金圈法则分为三层，即"为什么""怎样做""做什么"（见图6-1）。

---

① 斯涅克. 从"为什么"开始：乔布斯让Apple红遍世界的黄金圈法则[M]. 苏西，译. 深圳：海天出版社，2011.

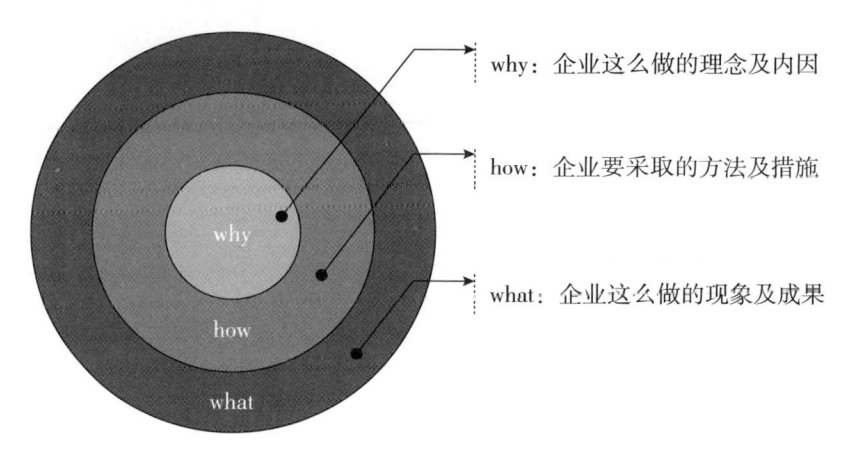

图6-1 黄金圈法则

内圈是why，"为什么"，是目的、理念、信念；中圈是how，"怎样做"，是方法、措施、途径；外圈是what，"做什么"，是现象、结果、行动。

黄金圈法则的本质就是要求你（企业）在行动（有举措）前，先了解（洞察）自己为什么要做这件事（企业的初心、最底层的逻辑和赢的道理），也就是弄清目的（愿景、目标和路线）之后，再开始行动（实施）。很多人或组织不清楚自己为什么要做，例如以挣钱为目的，但挣钱回答不了"为什么"，只是结果而已。如果这个问题搞不清楚，就很难找到正确的方向和方法。

例如亚马逊的每一个创新，包括Prime会员的隔日达配送、免费视频和音频流、Kindle、Fire TV、Echo智能音箱和Alexa，都旨在吸引新客户，同时让老客户感到欣喜。贝佐斯的沟通方式是"why"，他说："我们十分渴望去先行先试，去创造。这一点非常契合客户至上的理念，因为客户永远都不会满意，不过有时候他们自己都没有察觉到这一点，即便在他们感到很开心时亦是如此。客户始终希望寻找更好的方式，但他们也不知道那是什么样的一种方式。我曾警告员工，践行客户至上的理念并不仅仅在于倾听客户的心声，还包括设身处地地进行创造。"

如果一篇战略规划报告中，"外部环境分析"部分从PEST分析（宏观环境分析）到市场环境分析，占用了非常大的篇幅，无异于用昨天的资料去论证明天要做的事。

我们面对问题时，若在分析现象上耗费太多精力，多数就是浪费时间。因此需要培养直指核心的能力，直奔问题的答案去，而不是在意路边的花花草草。

只有透过本质看现象，才能在战略层面上做到以终局看现局，以未来推导现在，也才能在策略上做到以终为始，直指人心。

二、策略结构：构建破圈的动力系统

从透过现象看本质修炼至洞察本质看现象，我们就对黄金圈法则有了更深层次的理解，可以洞晓不仅要know-how，还要know-why的策略方法论。

1. 三维策略结构，实现系统重塑

结合黄金圈理论可以构建破圈的动力系统，即破圈策略。它要根植于破圈的动力，简洁而又生生不息。

（1）结构图示

从纵向穿透、横向裂变、赋权赋能三个维度，构建三维策略结构（见图6-2）。三维策略结构蕴含破圈战略的魂魄——系统重塑。从本质洞察现象，高标准起步，高质量增长，其结果必然导向企业的系统重塑；如果运用于个体，就是个人的系统重建。

系统重塑，是企业自进化的一个较高境界。因为企业原有的认知和结构已经不能再带给企业增长，所以需要突破并升级固有系统。

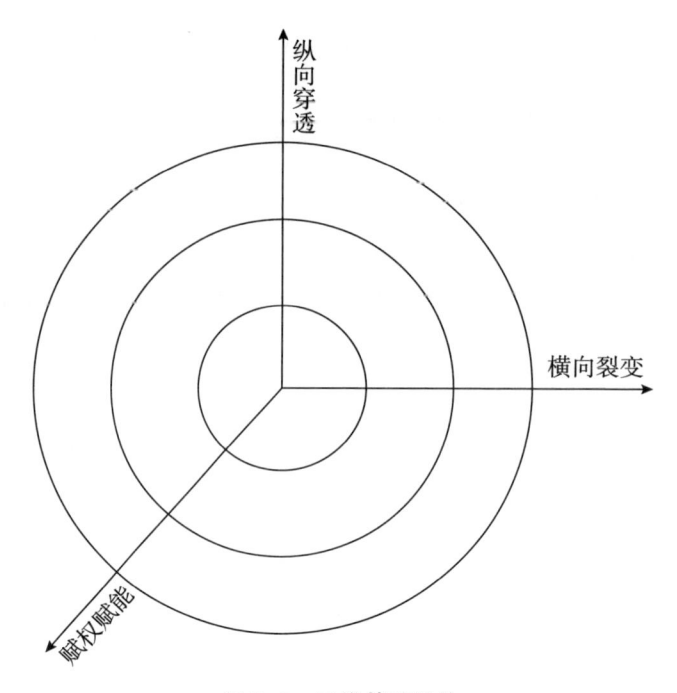

图6-2 三维策略结构

其中，纵向穿透、横向裂变意味着企业内在结构的改变，赋权赋能意味着产生不一样的价值。

（2）纵向穿透

纵向穿透针对的是纵向产业链各环节，即生产制造企业的供应、研发、生产、销售、服务，工程类企业的策划、投资、建设、运营。企业要构建纵向一体化服务优势，就要根植于企业自身优势，实现纵向服务到底，提升企业对产业链各环节的一体化支撑能力。

（3）横向裂变

横向裂变针对的是横向多业务到多业态，推动精准化的内部业务裂变与高效的多业态深度协同，培育更高层次产业发展新格局。我们常说的产品破圈、用户破圈、场景破圈就是横向裂变的表现。例如文娱界常说的某影视剧破圈，那往往是从窄场景扩大到了更大的场景，从小范围受众突破到了更大范围的受众。

需要注意的是，企业要找到自己业务的发动机或者引擎，这个业务甚至有可能是不挣钱的，但它一定要构成其他业务发展壮大的支撑。例如前述规划设计企业，表面上看挣钱的是面向政府及行业企业客户的规划、评审业务，但真正支撑品牌、吸引客户的是智库，是其在业内发布的权威性的行业发展报告，这些业务不挣钱，却是真实的引擎，是深藏在部门内部的"定海神针"。

（4）赋权赋能

赋权赋能是伴随企业纵向、横向"调结构"的能力培育器或功能放大器，常常表现为以下方面。

价值观赋能。全面导向适应企业结构转变的价值观和精神文化氛围。从精神层、制度层、行为层、物质层四个层面塑造企业文化，破除一切"等靠要"思维惯性，以核心价值观引领，凝聚转型共识。

创新赋能。科技是第一生产力，创新是第一动力，这已经是企业的共识。企业以技术创新驱动，结合相关的集成创新、模式创新、理念创新，是企业创新赋能的应有之义。

组织赋能。例如很多企业以为组织调整类似于"搬砖头"，把部门从这里搬到那里，或者从多个合并为一个，或者把一个拆分为多个，常常忽视了责权利规范，也界定不好各部门的功能定位和各部门的业务边界。

投资赋能。不仅上市公司，非上市企业也要有市值理念，不要局限于收入、利润等财务指标，也要重视培育上市主体、实施产融互动，从产品经营逐步走向产业经营，走向资本经营。

纵向穿透、横向裂变和赋权赋能，立体三维策略支撑起一个极简的、可供企业迈向know-why的策略方法。它根植于破圈的动力机制，需要持之以恒地推动它，从而生成一个生态系统。商业世界是如何运转的？它并不是贫乏的、线性的，而是耦合了各种相互联系的产品和服务。

所以，破圈永不过时，永远是企业的进行时。

2. 内外互动，形成破圈效应

纵向穿透、横向裂变、赋权赋能的三维策略，在真正的实操运用中，需要内外互动，形成破圈效应。

如何实现内外互动？路径上，一是从内向外打破，发挥破圈价值；二是从外向内吸引，建设吸引力系统。

只有形成从内向外打破、从外向内吸引的内外互动，这样的循环往复才能让企业与众不同，才能遇见和吸引更多与新系统同频的组织和人，形成事实上的破圈。而破圈的举动，又增进了业务、人之间的耦合，催生了新的组合形式和结构，从而在内部产生更大的价值，就如细胞分裂一样，具有传染效应。

（1）企业破圈战略的常见症结

多数企业的问题在于，只是从外向内吸引，做的是现象层面的事情。例如，过度看重移动互联时代的注意力经济特征，讲究工业设计，把产品外观做到极致，做到与众不同；讲究软文"种草"，以铺天盖地的文宣植入来占领消费者心智；讲究小巧而精致的事件营销，并往往夸大活动的效果及影响价值等。

以上是移动互联时代常见的浮夸风和"自嗨病"，人为地赋予产品一种与众不同，执着于表面，那是花架子，"秀外"并不一定"慧中"，这并不是战略层面的破圈。

所以，企业破圈战略在策略上讲究由内而外，而非执着于表面。这也是破圈战略貌似容易、实际要求极高的原因。它讲究从内向外打破、建立，因为本质是内在决定的；然后以外为内建立目标靶向，发挥影响力，通过传播放大独特价值。

（2）从内向外打破：从内在本质做起

如何从内向外打破？企业或个人需要完成"初心—能力—格局"的跨越，实质是迭代。从初心到能力的事业潜力发掘，过程中伴随着自我洞察和觉醒；从能力到格局的事业局面放大，过程中伴随着持续的吸引力的提升（见图6-3）。

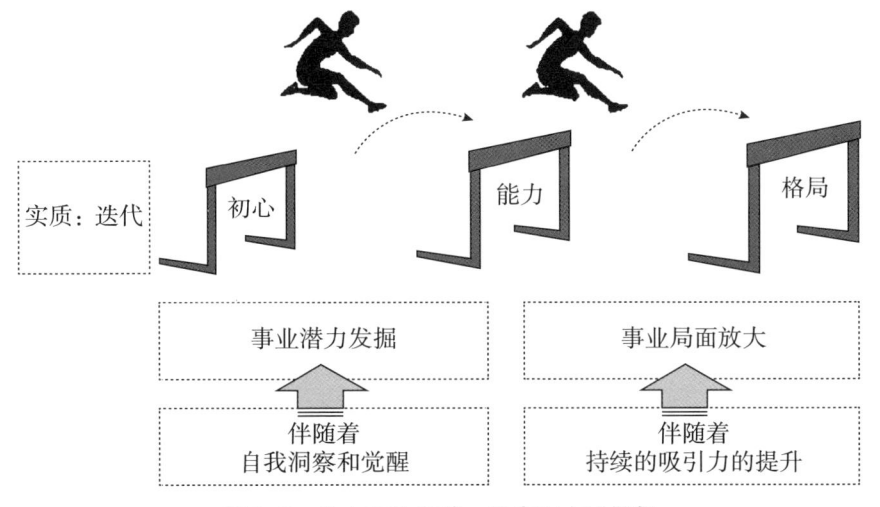

图6-3 从内向外打破：从内在本质做起

从内向外打破，意味着追求的是风向自身聚拢，而不是去追风口。

在经营思维上，就是更加重视从内在本质做起。企业或个人最关心的不是挣钱，应该是如何形成自己的风格和能力。"你若盛开，清风自来。"

从内向外打破的方法如下。

第一，"初心—能力"的事业潜力发掘和自我洞察。

一件事能否坚持下去，不是把自己放在人海攘攘的闹市中，而是置于"事情往坏一步想"的绝地中，以检验自己能否坚持初心，是否拥有抗击打的能力。

从初心到能力的发掘，是企业系统重建的"一级跳"，实施的核心在于迭代。

迭代的过程，时刻伴随着对初心的检验和自我洞察。迭代的过程并不激动人心，它是静水流深，如同《士兵突击》揭示的，艰巨在于漫长，光荣在于平淡。

迭代的实质就是从本质出发，看清趋势，从终局逆向倒推出当下的决策，判断从起点到终点的路径。这种迭代能力的体现，是企业的战略布局。

传音控股："初心—能力"发掘及自我洞察的典范[①]

一家总部在深圳的手机公司，何以能把根据地市场放到非洲，并不停地检验自己的初心和能力，直至发展壮大成为"非洲之王"？

在趋于饱和的全球手机市场上，在人们印象中贫瘠落后的非洲，传音2018年以48.71%的市占率，在非洲跃居为出货量仅次于三星、苹果、华为，甚至比小米还多了约1000万部的"世界第四"手机巨头。它的静水流深，甚至成功地瞒过了99%的中国人。

传音人的从内向外，不是企业总部在深圳，就以深圳为内，而是对根据地——非洲市场"专注本土化"的初心和洞察。

"专注本土化"的实施过程中，产品是真正的"硬通货"，这需要一整套市场洞察、客户洞察的组合拳：

一是在传音之前，非洲地理上的割据和分散性导致运营商众多，跨网通信资费很高，传音洞察了当地人经常要在不同电话卡之间切

[①] 部分参考王雷生的文章《解密非洲手机之王》，发表于《中国企业家》2018年19期。

换不方便的问题，推出了双卡双待，直至四卡四待手机。

二是非洲经常停电，传音做到了超长待机。

三是非洲人喜欢音乐，传音就内置了手机音乐App，而且加大了外放喇叭功率。

四是非洲气温高，传音就在手机材料的抗汗性、抗腐蚀性上下功夫。

这还不足以让传音正式封王，真正检验传音初心和能力、让传音的本土化做到极致的是两个"王炸"：

一是传音采集了海量的当地人群肤色数据样本，分析并制定出本土化的影像效果优化策略，让深肤色人群也能清晰地在夜间拍照并进行面部识别。

二是传音研发团队针对非洲用户的肤质及五官特征等开发了智能美型功能，找到了影像优化的创新点。

迭代使企业突破了舒适圈，使思想、知识、技术和市场需求的多样性相互联系，激发了更广泛的创新，从一项核心技术开始，从一个服务项目开始，启动、搭建起新的系统，形成一个焕新的商业平台。

第二，"能力—格局"的事业局面放大和持续使能。

继续以传音为例。

传音的"专注本土化"，不是中国企业在非洲成立了一家跨国公司，而是把自己真正做成了一家根植于非洲的本土化企业。做事彻底，扎根"绝地"，不留后路，这是"能力—格局"使然。

在非洲很多民众的心中，传音的本土化品牌Tecno，就是道地的本土品牌，因为他们是眼看着Tecno从二三级市场扎根做起，然后一步步在非洲多个国家遍地开花的。传音的内部口号叫"Think globally, act locally"（全球化视野，本土化执行），传音对外的slogan叫"Together we can"，传达和当地人民一起建设品牌和市场之意。深入品牌信仰骨髓中的使能，又使"能力—格局"被无限地放大。这种深植于心中的民族文化认同感，反哺了传音的品牌和渠道建设。

再如知乎。

知乎是一家典型的互联网内容平台。先练好内功，再迅速地成长，是知乎的本色，也是知乎的坚守。从2011年创立至今，在企业发展的各阶段，无论发展过程如何跌宕起伏，知乎都坚守自己的初心——优质内容，并把它转化为核心能力。

在2011年的封闭运营期，用户只能通过邀请码来完成注册，知乎特邀了李开复、雷军、徐小平等作为首批种子内容生产者输出优质内容，并与其他种子用户问答互动。这持续了2年时间。

2013年，知乎进入开放注册期。在平台用户爆发式增长下，平台内容和用户素质出现良莠不齐的情况，知乎开始精选内容，推出了"知乎日报"和内容进化机制，由内容被用户点赞或被踩次数决定其是被平台推荐还是被折叠。

2015年是知乎的内容爆发期。内容从IT和金融领域拓展到文学、艺术、音乐、电影等更多领域，用户数随之增长，内容质量变得更加良莠不齐。知乎一是优化完善优质内容算法，根据打开率、完读率、跳失率等指标来决定其优质与否；二是推出反垃圾系统，以保障平台的内容质量。

2017年，知乎开始进入知识变现期。通过支付书店、live讲座、

6 三维策略，实现系统重塑

付费专栏等方式，希望实现由内而外的增长[①]。

（3）从外向内吸引：建设吸引力系统

内外吸引力的结合，构成个人的吸引力系统。就像一个妙龄少女，谈吐、性格、学识等融合在一起，才能成就她内在的优秀，再加上明眸善睐，她走在路上，总会不自觉吸引很多人的目光。

从外向内建设吸引力系统的方法如图6-4所示。

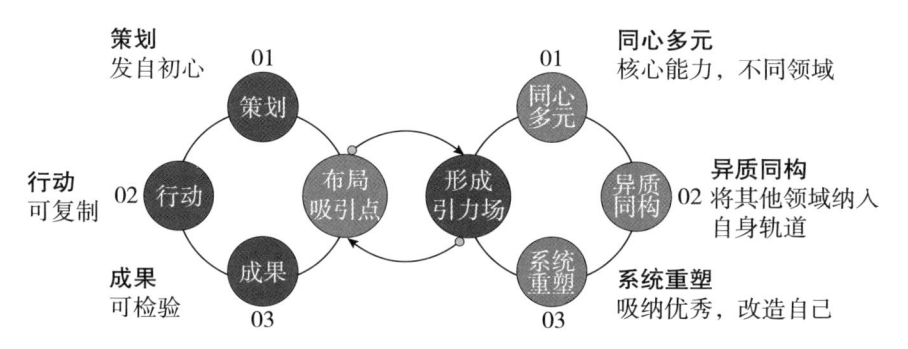

策划 01　　　　　　　　　　　　　　**同心多元** 01
发自初心　策划　　　同心多元　　　核心能力，不同领域

行动 02　行动　布局　形成　异质　02 **异质同构**
可复制　　　吸引点　引力场　同构　　将其他领域纳入自身轨道

成果 　　　成果　　　　　　　系统　　**系统重塑**
可检验　　　　03　　　　　　　重塑 03　吸纳优秀，改造自己

图6-4　从外向内建设吸引力系统的方法

第一，布局吸引点，扩大被利用价值。

布局吸引点，扩大被利用价值，让企业的独特价值被更多人接受。

企业在从内向外打破，完成"初心—能力—格局"的三级跳过程中，需要布局自身的吸引点。首先是策划，形成发自初心的策划；其次是行动，形成可复制的能力；最后是成果，形成可检验的成果。

成功的企业，都是有意识地布局企业对客户的吸引点，巩固并壮大"策划—行动—成果"的被利用价值，从而走上腾飞之路的。申洲国际的成功，就是在策划层面不同于其他代工厂，自主建设了

[①] 部分参考简旭、常江波文章《知识付费盈利模式研究——以知乎为例》，发表于《郑州轻工学院学报》。

139

一条纵向一体化加工供应链；在行动层面，不停地优化生产效率，形成快速且高品质的交付特色；在成果方面，拿下了优衣库、耐克等国际品牌的合作。所有的从外向内吸引，都是为了扩大被利用的价值。申洲国际为了绑定与优质客户的长期合作，先后为耐克、阿迪达斯建设专用工厂，提供"拎包入住"式的代工服务。欲先取之，必先予之，这就是很好的佐证。

第二，形成引力场，让影响力走出原有圈子。

从布局吸引点到形成引力场并不是线性发展的过程，也不是简单地使外观漂亮或者叠加功能等。

形成引力场的过程是用企业（个人）独特的资源、能力去和另一个圈子碰撞融合，表面上是范围的扩大，但那只是结果，实质上是在持续地实现内在结构的升级，让自身有特色、独到的普遍性价值被越来越多的人所接受，其影响力走出了原有的圈子，从而产生更多的、不一样的价值。

所以，构建引力场直至建设企业的吸引力系统，需要进行以下尝试。

一是同心多元，意味着将核心能力在不同领域进行探索、验证和迭代。

二是异质同构，意味着将其他领域纳入自身轨道。

三是系统重塑，即不停地吸纳优秀，使其生长为自身的一部分；不停地改造自我，直至系统重塑。

一分为二地看，应该说，知乎作为一家根植于内容的商业平台，在"从内向外打破"这一方面做得很优秀，但在"从外向内吸引"方面还有很大的成长空间（见图6-5）。这也是知乎一直不温不火的缘由所在。

6 三维策略，实现系统重塑

图6-5 知乎的"从外向内吸引"相对缺乏

再以传音为例。

传音在非洲市场的本土化创新不断扩散，从非洲走向全球新兴市场。

同心多元：传音深耕非洲，夯实南亚，持续突破新市场。克敌制胜的法宝正是其长期坚守的本土化创新战略，对于其他手机品牌而言难似登天的本土化，对于传音而言已经通过了系统的实践检验。这种同心多元方式在不同市场上释放出强大的优势能量，并持续积累着盈利能力和增长驱动力。

异质同构：如何让传音的独特价值被南亚市场接受？传音2016年进入印度，就开始了本土化创新的再实践。针对当地人的饮食、生活习惯，开发了防油污指纹识别功能、弱光线下更高成像质量的拍照功能……这些都成为传音更深的护城河。

系统重塑：在南亚等地的突破，使传音秉持的企业使命进一步更新为"以新兴市场的消费者为中心，重视新兴市场人民被忽视的需求，让尽可能多的人尽早享受科技和创新带来的美好生活"，这成为传音本土化创新的根本出发点。

（4）警惕外在模式和内在系统的"两张皮"，缺乏内在向心力

企业不仅要有吸引力，更要形成吸引力系统。在我们多年企业管理咨询的见闻中，各类企业家都拥有独特的魅力。但企业家的吸引力和企业的吸引力系统是两码事。有吸引力而缺乏吸引力系统，企业可以火爆一时；而建立了吸引力系统的企业才可以活得久。

这方面的例子非常多。

建设企业吸引力系统的褚时健[①]

1979年开始，褚时健历经17年将陷入亏损的玉溪卷烟厂改造为亚洲第一、世界排名前列的烟草集团。他有着雷厉风行的作风和超强的商业能力，在遭遇了人生的暗黑经历后，以74岁高龄一头扎进哀牢山，承包了2400亩荒山，种植6年才能结果的橙子。他以工业化的精细管理做农业，将工匠的灵魂注入有生命的果树，这种创业理想和极致精神，创造了一个具有全国影响力的品牌。在褚橙之前，中国的水果几乎都是公共品牌的概念，没有人想到吃个橙子还要看牌子。褚时健也从"中国烟王"变为"中国橙王"。

衡量一个人成功与否，不是看这个人站在顶峰的时候有多高，而是看这个人从顶峰跌落低谷之后的反弹力。这是巴顿将军的名言，也是褚时健一以贯之的从内向外打破、从外向内吸引的励志人生的写照。

内外互动，实现系统重建。《传习录》中，王阳明先生这段比喻很耐咀嚼：

---

① 部分参考周锡冰：《褚橙是这样成为爆款的》，东方出版社2016年出版。

"立志用功，如种树然。方其根芽，犹未有干；及其有干，尚未有枝；枝而后叶，叶而后花、实。初种根时，只管栽培灌溉，勿作枝想，勿作叶想，勿作花想，勿作实想。悬想何益？但不忘栽培之功，怕没有枝叶花实？"[1]

"种树者必培其根，种德者必养其心。"立志用功，就像种树一样。开始生根发芽的时候，还没有树干；等到有了树干，还没有枝条；有了枝条然后有树叶，有了树叶然后有花朵、果实。开始生根时，要一心想着栽培灌溉，不要想枝、叶、花、果。空想又有什么好处呢？只要不忘记栽培的功夫，还用担心没有枝叶花果吗？

---

[1] 王阳明. 传习录[M]. 费勇，译. 西安：三秦出版社，2018.

PART SEVEN — 7

多维竞争力,穿透多层消费

企业的核心竞争力是成为"链主"的能力，实质是穿透多层消费的核心能力。建设多维竞争力的"十六字诀"是：基点下移，能力迁移，多维结构，刻意练习。

一、核心竞争力：显化为多维竞争力

1. 从原子到核心竞争力

理查德·费曼是一位核心竞争力无与伦比的科学老顽童，他也是苹果的乔布斯、微软的比尔·盖茨、谷歌的谢尔盖·布林、特斯拉的马斯克等硅谷奇才共同的精神偶像。

这位有趣、不羁的天才，有着太多的吸引力：13岁学完微积分；本科毕业论文创造了一个以其名字命名的量子力学公式；24岁加入研发原子弹的秘密项目"曼哈顿计划"天才小组，还是理论上的小组长；33岁成为加州理工学院以幽默生动、不拘一格的讲课风格闻名的教育家；47岁成为获得诺贝尔奖的物理学家[1]。

理查德·费曼震撼我的，是1972年他以教育家的身份，在获颁奥斯特教育奖章时说的一句话。那句话简述如下：如果你把人类的科学史压缩成唯一一句重要的话，那句话只能是"一切东西都是由原子构成的"。

原来，我们每个人的身体是由多达10亿个原子构成的。这些原子已经穿越过几个恒星，曾是上百万种生物的组成部分。它们或许曾经是莎士比亚、释迦牟尼、成吉思汗、贝多芬或者其他历史人物身上的原子，然后又组成了我们。当我们死后，这些原子又可以重新分配，它们将会到处漫游，可能继续成为人体、树叶、晨露的

---

[1] 克劳斯. 理查德·费曼传［M］. 张彧彧，陈亚坤，孔垂鹏，译. 北京：中信出版社，2019.

组成部分。

再往深想一想。因为原子，我们的身体和这个世界、宇宙之间有着如此神奇的联系：我们身体里的碳原子可能是百亿年前宇宙大爆炸时的古老原子，也可能是白垩纪的某只恐龙遗留下来的；我们呼出的气体，可能参与了另一大洲某个超大飓风的循环，也可能与附近某只吃草的羊进行过气体交换……

由此更加确认，我们并不是自然界中独立的个体，而是自然的一部分。

我更理解了"所有的生态是如此一体"的至深道理。

甚至看上去微不足道的磷虾，处于海洋食物链的底部，也是海洋生态系统的基础和不可或缺的一环。它的数量、进食、排泄，或多或少会影响生态系统。世界上最大动物之一——鲸的主要食物就是小小的磷虾。鲸吃磷虾，用餐后再浮到海面上排便。鲸粪便中丰富的铁和氮，成为海洋表层浮游生物的高营养"蛋白"，而磷虾又以这些浮游生物为食，由此，磷虾与鲸，氮与铁，形成了一个完整的生态循环。

这就是我们所在的宇宙，"其大无外、其小无内"，是一个完整而不可偏废的生态系统。从原子可知世界一体，从磷虾可知生态优劣，那么，企业也有自身的核心机密或者"命门"，这种"命门"是看不见摸不着的。就像原子是构成我们身体的"元物质"一样，我们常常把企业的"命门"称为企业的核心竞争力。

2. 形成多维竞争力

结合我的职业，我常常思考"企业何以安身立命"这一命题。企业安身立命的本源，有人说是产品，有人说是文化，有人说是人才，而我认为是企业的核心竞争力。

在企业的核心竞争力这一命题上，我形成了如下认识。

（1）万物一体，管理模型也是互相贯通的

开篇，我刻意详尽地描述原子与生命的联系及其背后蕴藏的万物一体之道。

我们在企业管理咨询中也常常用很多管理模型揭示企业的种种问题或现象，有诸多互相贯通的地方。查理·芒格在《穷查理宝典》中，将那些相互强化并极大地放大彼此效应的现象称为"lollapalooza效应"。简单理解，就是一件事应该是多个因素综合影响的结果，不应该只看到一件事的表面，也不应该只看到一个因素，而要看到背后的诸多因素和彼此的影响。

（2）贯通而引发指数级效应，需要稳定的异样化结构

查理·芒格所说的"lollapalooza效应"，其用意在于说明一种强大优势的来由。各种因素的影响会相互强化并放大彼此的效应，形成指数级效应，而不是简单的线性变化。这就类似于物理学的临界质量，即引发核爆炸的最低质量，对商业企业来说，它会给企业带来一种指数级的巨大优势。

从企业的战略角度，要素之间的耦合，就是要形成类似原子的结构：总体结构上稳定，微观结构上自由流动，互相碰撞。

总体结构上稳定，意味着企业战略上不要紧跟流行的事物。在洞察趋势的同时，也需要找到战略不变之锚。

微观结构上自由流动，意味着企业的核心竞争力是一种张力，是一种稳定的异样化，而绝不是相似化。

（3）要形成多维竞争力

和君提倡人才的"T型复合知识结构"，本意是说要像摁钉儿的尖端，在一个领域专精，成为这个领域的专家，精于此道，以此为生。而促使专家能够更好地"扎到底"的是摁钉儿上方的"面"。所以，要围绕核心建立起立体多维的结构思维和知识体系，成为一个T

型人才。

"T型复合知识结构",就是一种多维知识结构,以摁钉儿面的"宽",促使尖端扎得"深"。多维,意味着在核心基础上的立体,意味着复合性。

任正非也充分看到了形成多维竞争力的必要性。他在2020年一次题为"向上捅破天,向下扎到根"的发言中说:"在科学、技术、工程领域,不同人才选择不同的方向,充分发挥每个人的才智。多学科交叉突破会更有可能,横向融合创新才能形成颠覆性的效果。科学、技术、工程垂直打通才会形成能力,真正落实创新驱动发展的理念。"

二、多维竞争力:甩掉误区,透视实质

1. 勘破核心竞争力的误区

企业的核心竞争力,是我们常常挂在嘴边,但普遍存在误解的词汇。

一种误区是认为核心竞争力看不见,摸不着,虚无缥缈;另一种误区就是把企业的竞争优势误认为核心竞争力。

一家做五金锁具的企业,在市面上普遍还是弹子锁的时候发明了一种空转锁芯,生产出一种用拨片、铁丝、锡纸等都无法开启的锁具,企业凭此产品在业内火爆过很长时间。随着该发明专利权过了保护期,竞争对手林立,该企业仍保持着微弱优势。企业家认为,自己企业的核心竞争力就是最正宗的空转锁芯技术及生产能力,在此思想的指导下,企业的重点任务就是沿着空转锁芯的产业领域拓展应用方向,例如进入保险箱领域,进入木门尤其是整体家装配套的防盗门领域,等等。在区域上,大力开拓各细分领域的企业大客

户，并展开渠道扁平化及分区域拓展的攻势。这是不是很务实而又合乎情理的企业经营思路呢？

事实上，智能锁的出现以及产业化应用很快打破了企业间的竞争格局。这家企业虽然适时加大了智能锁产品系列的开发，但已难以比肩机械锁时期的辉煌。企业在战略上相当于后退了一步。

企业是有运势的，战争也一样，决定一场战役胜负的其实是早期的战略规划。比如雅克萨反击战是大炮与火枪的较量，清军拥有号称"国之利器"的红衣大炮，射程近，威力弱，而沙俄军队的火枪队机动灵活射程远。虽然清军取得了胜利，但火枪才是更领先的"大杀器"。到下一次大战，红衣大炮已经无异于废铜烂铁了。直到鸦片战争，清军与英军的兵器已经不属于同一个时代。

很多成熟企业由盛转衰的原因，就是把曾经的竞争优势当作自身的核心竞争力，面对新一轮"百年未有之大变局"，企业还将核心竞争力定义为上一个时代的优势，企业所有的决策还在围绕加强这一优势而制定。但是，世界已经变了。

核心竞争力不是竞争优势。稻盛和夫说，能力，要用将来时。所以，企业应该追求的是竞争能力，而非竞争优势。竞争优势是暂时的、短暂的，只是结果；而竞争能力是长久的，内生的。竞争优势是现在的，是既有路径；而竞争能力是基于未来的，是未来路径。

如果说企业需要找到优势，那是要找到根本性优势。

2. 多维竞争力的实质是成为"链主"的能力

我们对核心能力的通俗化定义，就是要具有成为"链主"的能力。企业通向"链主"之路的能力是核心竞争力，也是多维竞争力。

例如亚马逊。

我们都知道亚马逊的产业地位，作为世界上最大的零售商之一，亚马逊是货真价实的"链主"，它在产业链中的核心地位是毋庸置疑的。

那么，亚马逊的核心竞争力是什么？

有人说是品牌，有人说是技术，有人说是会员，等等，我们简要解析一下。

几乎没有人会否认，零售业务的复杂性远超过很多行业，每个节点都很难做。但是综观各种资料，贝佐斯的不同之处就在于他能超脱出来，他不仅是口头上的长期主义者，而且是一以贯之践行的长期主义者。践行长期主义，就是在他的领导下，亚马逊并不将精力放在眼皮子底下的竞争方面，而是专注于怎么保障客户的核心利益，怎么让客户有较高的舒适度。

亚马逊存在的价值，就是持续为客户提供超预期的客户体验。在贝佐斯看来，只有持续为客户提供超预期的客户体验，亚马逊才可能有核心竞争力。

亚马逊之所以成为"链主"，其核心来自三方面。

一是顾客至上。亚马逊实施会员制，其会员叫Prime会员。Prime会员的核心权益包括2日免费送达，这是在美国独特的环境下，亚马逊利用自营仓储优势，针对美国用户网购痛点推出的。京东也推出了"自营正品＋次日达"，亚马逊也好，京东也罢，其电商行业的特殊性决定了它们不仅要成为零售公司，还要成为领先于潮流的互联网技术公司。如果仅从零售会员这里赚钱，那就类似于把零售会员制做到极致的Costco，而不是亚马逊了。

二是极致创新。亚马逊的长期主义，就在于不停地构建高维，可以不从零售中取利，不从Prime会员费中取利。从财务上来说，亚马逊拥有规模极其庞大的现金流；从数据上来说，它有数以亿计的流量。在此基础上，亚马逊建设起了全球最强大的云计算技术平台AWS，又据此开发了Alexa智能音箱、Amazon Go无人便利店等，探索商业上的各种长远可能。

三是着眼于长远的管理。亚马逊员工将精力集中在提升客户的舒适度上，核心举措之一就是降低成本。降低成本不是目的，而是长期主义模式的开端：降低成本、营造舒适度，提升网站访客流量，吸引更多独立卖家入驻，卖家从亚马逊平台保持增长的客流量中获利，进一步构建了以让客户得到便利实惠为基础的规模经济效益。

顾客至上、极致创新、着眼于长远的管理，这就是贝佐斯的秘诀，是他不停地向企业注入"真气"指导决策的三大原则，他称之为"惯性轮"。亚马逊的成功，来源于在贝佐斯的领导下做到了言行一致。在亚马逊这样的巨型企业里，每个员工无须琢磨自己该做什么，只须每天更努力地推动"惯性轮"运转就可以了。由此可见，"惯性轮"就是建立内核、固守本质，这也构成了企业的核心竞争力[1]。

3. 多维竞争力的实质是穿透多层消费的核心能力

（1）跨界、跨物种已是常见现象

中国拥有一个超大的内循环消费市场，并与国际外循环形成双循环消费结构。消费是分层的，各层之间有着很多的割裂和意见分歧。分层的维度多样，有笼统设定的大圈层，如知识分子圈层、中产阶级创新驱动力圈层，城市大小、年龄代际、爱好兴趣、行业区隔、收入水平等，都能将消费者分成各类不同的圈层。当

---

[1] 张思宏. 用户经营飞轮：亚马逊实现指数级增长的方法论[M]. 北京：机械工业出版社，2021.

然最常见的还是按购买力、地域划分的消费层。

在品牌年轻化的时代，在街边随手就可以叫一杯奶盖茶，你可能想不起上次光顾传统茶馆的时间；当更多的年轻人走进造车新势力如特斯拉、蔚来、理想、小鹏等的展厅时，宝马、奔驰逐渐成为上一代人的品牌符号。多少并不算老的"老品牌""老字号"，忽然就要被边缘化，摸不着市场的脉搏。它们都被困在了"高龄"的圈层里。

尤其进入"十四五"时期，大多数企业需要战略转型，要破除各种固有的圈层桎梏。若一箭射出，不能穿心，企业的核心竞争力就已经蒙上厚厚的尘垢了。破圈战略形成的多维竞争力，就是要建设能穿透多层消费的核心能力。

穿透多层消费的核心能力，是由快速变化的时代特征决定的。很多企业把过往偶然的成功当必然，把一时的成功当一世，却不知曾经点上的成功照搬不到线上，更照搬不到面上。

企业跨品类、跨行业，甚至跨物种发展，已经是常见的现象。这时，若缺乏穿透多层消费的核心能力，企业就很难长期发展。

（2）不是点上放大、线上延伸，而是全局把握

华为就是一个典型的例子。

1987—1997年，华为还致力于做国内主流的通信产品，那时华为立足于产品经营，能力上讲究狼性做派，组织上讲究"一竿子捅到底"的直线职能式结构，狂揽各类人才以实现企业突破。

1998—2008年，华为的愿景已经升级为致力于做全球的通信解决方案，那时华为立足于产业经营，能力上讲究队伍职业化，组织上讲究矩阵式的结构，将各类人才纳入体系化的模子里塑形、锤炼。

2009年至今，华为已经实现从ICT到万物互联的跨越，华为云已经跻身全球云服务前五大行列，5G技术成为全球智能化革命的引擎。华为立足于生态经营，能力上讲究开放包容、兼收并蓄，组织上讲究在组织大网上建设更为灵捷的平台化结构，对人才的广度和厚度的要求已经让位于对人才密度的要求（见图7-1）。

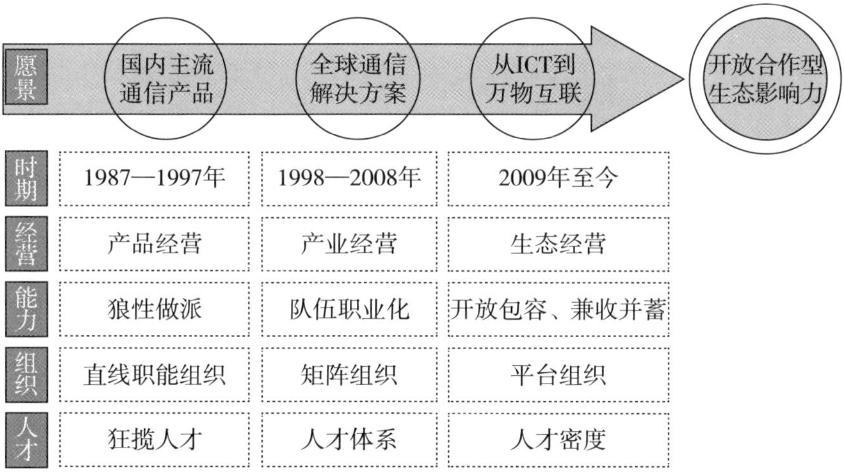

愿景	国内主流通信产品	全球通信解决方案	从ICT到万物互联	开放合作型生态影响力
时期	1987—1997年	1998—2008年	2009年至今	
经营	产品经营	产业经营	生态经营	
能力	狼性做派	队伍职业化	开放包容、兼收并蓄	
组织	直线职能组织	矩阵组织	平台组织	
人才	狂揽人才	人才体系	人才密度	

图7-1 华为：穿透多层消费的核心能力

华为为什么能穿透多个圈层？是因为华为并不是做点上的放大，例如程控交换机的系统，也不是做线上的延伸，例如执着于不进入网络，而是能从全局上把握，从美国等发达国家产业和技术中找到最深层次的共性趋势，将其内化为企业制胜的DNA，从而能够承受更大的冲击，让射出的箭矢一箭就能穿透各类需求的圈层。

三、"十六字诀"：如何建设多维竞争力

如何建设多维竞争力？我从实践中得出"十六字诀"：基点下移，能力迁移，多维结构，刻意练习（见图7-2）。

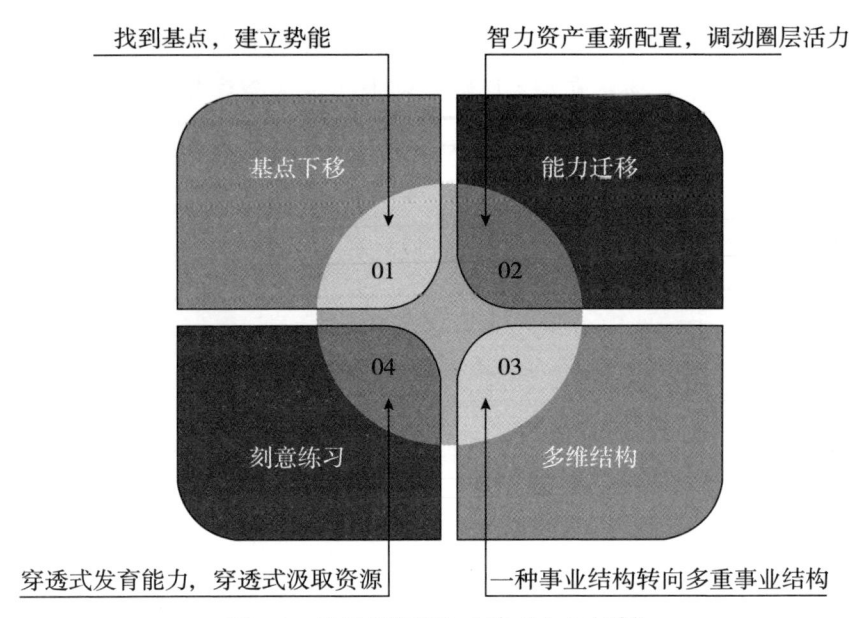

```
找到基点，建立势能        智力资产重新配置，调动圈层活力

         基点下移              能力迁移
            01                   02

            04                   03
         刻意练习              多维结构

穿透式发育能力，穿透式汲取资源    一种事业结构转向多重事业结构
```

图7-2　建设多维竞争力的"十六字诀"

1. 基点下移

基点下移，企业首先需要解决"依靠什么""依靠谁"的问题，这是企业安身立命的根本，即找到企业的事业基点，并不断地向下一寸寸移挪；其次需要解决建立自己的壁垒和护城河的问题，即建立势能。

（1）"依靠什么"——找到基点，下移一寸

"依靠什么"，也就是找到企业的核心能力。"依靠什么"的"什么"，就是企业这个圆的圆心，也是企业安身立命的根本。

所以，企业要找到基点，强化基点。强化基点，就是不断地将基点向下移。

以申州国际为例说明。

提起纺织业，很多"85后"会无感，很多20世纪六七十年代出生的人会马上想到纺织女工、梭布交织、热气腾腾的车间。我们潜意识中认为纺织业处于微笑曲线的底端，具有行业性的低利润特征，这是很大的误区。截至2023年5月31日，做成品鞋服的安踏，毛利率能达到63.3%，净利率达到25.7%。如果说安踏有消费品牌，那么完全属于纺织业的申洲国际呢？根据申洲国际披露的2023年度中期业绩，只做代工的申洲国际毛利率约为22.4%。

申洲国际扎根纺织业，固守本质，把成本管控和品质管控同步提升至极致，一寸一寸强化自身的事业基点。当实体产业做到极致的时候，就拥有了话语权和绝对优势，我们身上穿的耐克、阿迪达斯等，包括全球大多数的运动类顶级品牌，都选择申洲国际作为代工企业。在和君咨询年会上曾经做过演讲的互联网品牌九毛九旅行箱董事长就曾表露过想参观学习申洲国际这一榜样典范。

所以，什么是基点下移？基点如何下移？

就是找到事业的基点，找到真正的发心，不管这个发心是单纯为了财富，还是个人掌握的一门技术、发现的一个机会，你所需要做的，首先是务必甄别这个发心是不是真正的初心，是不是一时头脑发热决定的。然后，你要一丝不苟地把这个发心收藏起来，在践行理想的做事过程中，把这件事的基点悄悄地向后移一寸、再移一寸……直到它还原到极简，露出本质，自己感觉无法再下移了为止。这就是基点下移。

如果能做到这一点，恭喜你。莲花的绽放，必然源于在淤泥中的长久寂寞等待。这个更底层的"源点"，才是你对这个世界的回馈，渗透了你对外界的真实看法。这就是基点下移，无论是创业、工作、学习或是生活，我们都需要探求这个"源点"。

就像写作本书并非心血来潮，而是我在企业项目实践中无数次与客户沟通、激烈碰撞，对企业转型模式及实施路径不断提炼，举一反三后，我发现这是一个可广泛应用的企业战略范式，天然地将规划与执行融为一体，弥合了从战略规划到执行的鸿沟，遂发心梳理，聚项目间隙的点滴碎片时间，经体系化构建而成本书。成书后，我又系统梳理一遍、修改一遍、再推敲一遍，如此反复，才将书稿递交出版社、端到读者面前。

（2）"建设什么"——要事第一，构筑势能

只有找到依靠的那个点，找到事业的圆心后，实施基点下移，才能支撑企业系统审视要"建设什么"的问题，才能突出"要事第一"的原则，并始终遵循"要事第一"的原则走下去，从而构筑起企业势能。

什么是势能？势能一词用于管理学，就是指要蓄深养厚，"蓄深"是构筑企业的护城河，"养厚"是构筑企业的壁垒。在这个过程中，时间是函数变量，助企业从量变到质变，逐步实现内在结构的改变。

再看申洲国际。它构筑的护城河和壁垒，就是几件关键要事上的"一门深入，长时熏修"，在这些关键要事上下真功夫、笨功夫和狠功夫。

一是造链。申洲国际之所以能从众多纺织代工企业中脱颖而出，是因为其打造了一条管控型的纵向一体化供应链。从坯布和面料生产、染色、印花整理、裁剪到制衣和包装运输，所有环节均在体系内完成，极大地提高了生产效率，而且相比传统供应链模式成本更低、交货更快。优衣库创始人柳井正曾在自传《一胜九败》中提到早期摇粒绒衫的生产流程：从日本东丽公司买原料，在印度尼西亚

纺成丝，然后到中国进行纺织、染色和缝制。申洲国际将整个流程一体化，从而奠定了1997年申洲国际凭借"20天内交付35万件针织衫"拿下了优衣库订单的经典案例。

二是覆盖纵向一体化生产模式的全流程创新能力。申洲国际对服装面料的持续创新在业内是非常有名的。其科研专利成果涵盖新材料面料发明、生产过程中的设备工艺改造以及制衣模板等关键生产经营环节，深入到纵向一体化生产模式的每一个环节：从上游纺纱织布，中游成衣生产、经营管理，到下游智能物流供销渠道体系与客户品牌对接，都积累了很高的行业准入壁垒。这使得申洲国际的盈利能力持续提升，净利率保持在20%以上，远超代工行业平均6%的水平，甚至还高于其大客户耐克的净利率。

三是定位和选择。申洲国际敏锐地看到运动鞋服这一增长更快、利润更高的黄金赛道，果断将产能由休闲服饰扩展至运动服饰，从而有了和耐克、阿迪达斯、彪马等国际巨头合作的可能。

四是融链。在耐克、阿迪达斯等国际体育用品品牌全球性快速扩张时期，申洲国际就及早融入它们的全球供应链体系。但对这些品牌而言，申洲国际只是具备了供货的实力，能否获得稳定的订单，还需要保证1万件以上成衣的出厂品质始终如一，这意味着各工序都有成熟而稳定的操作人员、对工艺和品控保持高要求等。同时，申洲国际始终巩固自身的体量规模优势、管理效率优势及研发创新能力优势，不断稳固自身在四大国际厂商供应链中的位置，当这些厂商在扩张中不断实施全球供应链精简整合计划时，申洲国际的有利位置就凸显出来了。这时，申洲国际和一般代工厂之间已经建立起了一条更深的壁垒。

五是时间的函数。靠时间经营，去加深、加厚护城河和壁垒，逐步形成虹吸效应和马太效应。虹吸效应是说羽毛更鲜亮，筋骨更强健，吸引很多求偶者；马太效应是说强者更强，相形之下弱者更弱[①]。

所以，企业要抓住事业的核心支点，始终遵循"要事第一"走下去，在初期能抵御其他各种产品的诱惑，专心摸索出一个品类乃至某个单品，在这个单品中继续"要事第一"，逐步积累起品牌的势能，这也是很多脱颖而出的"国潮"品牌的发展路径。逐步积累起一定资金实力后，企业就有更充裕的时间，这时仍需要拼命积累势能。很多企业在这时反而一口气吊不上来，例如滴滴和快的决胜互联网打车这一新兴市场时，资本加持成为行业爆发式增长的核心要事，老牌的易到用车不能在短期内一把火烧到补贴大战的"沸点"，在迟疑的闪念之间，就从第一阵营出局了。这意味着不仅前期投入的资金、人力等成为沉没成本，而且不得不让出大片培育的市场。所以，在这个过程中，破圈成为企业的首要命题，不破不立，不破不足以成事。

持续地下移基点，持续地建立势能，才能推动"三新"：新渠道，助力产品开拓出新市场；新连接，拓展品牌的应用手段；新主体，培育新的可量化、可持续、可积累的用户主体。

"三新"的推动过程，就是企业服务在更大范围获得接受和企业更新认识的过程，也是品牌冲破势能的破圈过程。

2. 能力迁移

首先要申明，能力迁移并不是将企业的核心竞争力迁移到不同行业。"人挪活，树挪死"，死生大事，不可不察也。

那么，为什么要提出能力迁移？在战略对标、企业个体研究的

---

① 李凌. 申洲国际的别样代工模式[J]. 经理人，2020（12）：20-34.

过程中，我们发现，大家津津乐道的很多企业案例，在看似杂乱无章的行业现象背后，实质有某种核心能力在支撑。例如，小米何以能从做"发烧友"手机到做生态链，再到做小米汽车？新东方何以能在"双减"政策下从英语教育一下子扎入农业直播带货领域？这是企业家作为排头带动整个企业集团将已有的能力在另一个领域复制，以一个整体冲击复合化、多元化的过程。所以，看似产品异质化，其内核是同质化的。

破圈战略关注的企业能力迁移，并非寻找蓝海，然后突进。在商战中，一家企业的扩张也可能不是以竞争为目的的，反而是在逃避竞争。我们关注的，是企业能否通过能力迁移实现从能力扩张到竞争优势的升级。

比如，感光胶片领域的柯达破产重整，而日本富士胶卷却利用其生产胶卷积累的高分子薄膜技术，将业务扩张到貌似不相干的化妆品行业。我国的手机巨头也纷纷向芯片领域实施突破。这种破圈突围很容易使人心潮澎湃，我们也会因此更关注华为、小米在芯片领域的竞争优势。

企业为构建多维竞争力而实施的能力迁移，包括以下两步：一是对基本的智力资产进行优化配置或重新组合；二是调动各圈层的活力。

（1）对基本的智力资产进行优化配置或组合

前面说了，打造多维竞争力，实质是打造成为"链主"的能力，穿透多层消费的核心能力，通过能力迁移，实现从能力扩张到竞争优势的升级。首先需要考量的是企业（个体）的资产或实力是否有足够的支撑能力。

这里的"资产"，更注重企业的智力资产而非实物资产。"基本的智力资产"指的是企业当前的核心技术、掌控渠道、从业经验、魄力决心、常识基础。

对企业的基本的智力资产进行优化配置或重新组合，使之被二次激发，产生一个互相耦合而又独特关联的创新系统，这才是更多中国企业可以实施的创新。

在这一过程中，企业家需要思考以下关键问题：

A. 企业的定位是什么？

B. 以企业真实的技术、产品和投融资实力是否可以进入某个细分领域、新兴市场？

C. 企业的支撑有哪些？哪些人、哪些通路可以利用？

D. 以企业目前的竞争能力，如果做其他维度的创新，会出现怎样的情形（包括竞争对手的扩大化动作、市场的反应以及最坏的打算）？

E. 历史上、市场上、行业内外有哪些相似的创新方式可以转化为企业的竞争基础？

F. 技术上、消费需求上有哪些新动向或新机会可以增强企业的基础竞争实力？

G. 企业需要与谁战略联盟才能获得具有优势的竞争基础或创新基础，从而补充其核心能力？

H. 企业需要获得怎样的多维竞争力才能确认可以抓住期望中的机会？

I. 如何客观分析想象中的全新的多维市场？

（2）调动各圈层的活力

以上各种问题，是企业破圈的必考题，是对企业真正的"灵魂拷问"。它们指向的企业思考，是企业是不是具备在复杂不确定的环境下持续优化资产组合的能力，是不是具备"要事第一"的资源整合能力。

7 多维竞争力，穿透多层消费

这一资源整合能力，需要调动企业内外各圈层的活力，就像电影《阿凡达》中的母树，会通过发光的触角探知对方是友是敌。资源整合能力让企业通过看得见的流程、举措，看不见的机制、氛围，在各圈层被感知，是一种可以抓住机会的动态能力。长远来看，拥有这种能力才是企业的根本性优势。

那么，如何真正调动起各圈层的活力？

第一，各司其职，各自使能。

只有抑制所谓"人人做大事"的欲望洪流，每个人踏踏实实地做好本职工作，关注自身职责，才是各自使能的前提，企业才有未来破圈的可能性。

第二，扩大影响力，构建同心圆。

组织从各圈层的互相区隔走向构建同心圆的过程，必然是一批业务精、更擅于创造价值的人，跨越自己小圈子的认知，源源不绝地向外发挥着自己的影响力。然后，有一群人会认同这些价值，从而跨越圈层，形成一个流量聚合池。

强和弱是相对的。就像自然界中一种独特的现象，体型庞大而且凶猛的非洲黑犀牛和体形像画眉般大小的犀牛鸟能成为"知心朋友"。因为犀牛鸟是捕虫好手，能够啄食那些企图吸犀牛血的害虫，让犀牛浑身舒服，同时也能保护自己。自然界中这类现象很多，异界同构、借势客户、同强者共振，从来就是自然选择的绝佳途径。在企业中，每个人都是影响力经济的一部分。懂价值的一批人作为内核，扩大影响力，构建同心圆，贯通产业链，是打破圈层隔膜、撬动大市场的上佳选择。

第三，打开组织边界，成为开放式组织。

传统组织的层级化、指挥链已经很难适应新的情景，企业持续优化资产组合、指向"要事第一"的资源整合能力，只有建构在开放式组织的平台下，才能贯穿组织与外界交互响应的全过程，才能让内部整合能力与外部整合能力相得益彰，激发出更大的效应，它是"交响乐"，不是"管弦乐"。

内部整合能力是企业资源、能力、风险控制三者互动平衡的能力，既要灵活地配置资源，还要有平台型战略管理能力的推动，并有动态化遏渐防萌的风险"雷达"扫描体系。

外部整合能力是将战略洞察、机会识别、资源匹配三者一以贯之的能力，不是站在舞池中随机寻找合适的舞伴，而是站在高处俯瞰舞池中的各类舞者，然后决定是单刀直入，还是邀请伙伴一同挑战更大的可能。

只有将内部整合能力与外部整合能力同构，企业才有组织化感知并有抓取机会的动态能力。开放式组织下各类多元异质主体、合作伙伴的涌现，又会激发自组织的力量，各类平台主体自组织的协同效应就会喷涌而现，从而自发提高组织的绩效。

3. 多维结构

企业何以安身立命？从企业核心竞争力来看，要从一种事业结构转向多种事业结构，并基于事业结构排序，构建多维竞争力。

以美团为例。

美团这家企业看似野蛮生长，围绕吃穿住行四处出击，看不到它的边界。王兴告诉大家，要学会"重新想象"。"重新想象"什么？就是聚拢认知，构建起更优的增长逻辑，给美团多种事业结构重新定义，统一赋予价值，从认知上去击破企业的天花板。

王兴重新定义了美团业务的本质——美团的未来是Amazon for service（做服务业的亚马逊）。王兴把美团的增长锚放到了亚马逊和淘宝上，亚马逊和淘宝是实物电商平台（e-commerce platform for physical goods），而美团的未来是服务电商平台（e-commerce platform for services）。

再如立讯精密。围绕苹果的供应链，有大批上市公司力图去切入苹果产业链的某一环节。围绕大企业的垂直一体化分工，已经淬炼了多家上市公司，它们并不是一维的，它们也在努力完善着自己的多维事业结构，它们的努力和进取是很让人感叹的。其中，立讯精密战略步伐非常明确，让我看到一家优秀企业的多维事业结构是怎样的。

立讯精密是一家战略路径清晰、通过内生和外延式增长实现多维结构的公司。立讯精密于2010年上市，上市前它的标签是富士康的"徒弟"，承接富士康的代工业务。但以2010年上市为分水岭，立讯精密清晰地锁定了下一个10年的趋势：苹果与消费电子。其能力迁移的逻辑基于上市前立讯精密通过为富士康代工，间接与苹果产生交集。立讯精密要把一维事业结构发展完善成自身的多维事业结构，直接"啃"下苹果，成为它从"软"趋"硬"的战略内核。

2011年，立讯精密使用上市募投资金发动了一起战略收购——收购昆山联滔电子60%股权。注意，昆山联滔电子的大客户之一正是苹果，它生产的是精密连接器、高频信号连接线、新一代天线及机电整合模组件。这是非常关键的收购，立讯精密因此顺其自然地变成了苹果供应链的成员。

拥有迁移能力的立讯精密并不拘于此，围绕"苹果与消费电子"这一趋势，不停地构建完善自身的多维事业结构，2010—2017年，立讯精密就进行了16次并购，从固有的连接线业务，切入消费电子、通信、汽车电子、FPC、声学元件、摄像头模组、射频模组、电子设备和仪器等业务，在苹果产业链、华为产业链中的位置越来越难以替代，营收和利润也在节节攀升。

4. 刻意练习

前面讲的"基点下移，能力迁移，多维结构"，唯有经过长期的"刻意练习"，才能真正融入思想，融入企业行动，使其成为企业的一部分。

长期坚持刻意练习会有什么结果？如果每天精进0.01，365天后，就是精进了1.01的365次方，是37.8；如果每天丢掉0.01，365天后，那就成了0.99的365次方，只有0.03。可见知行合一的道路上，差那么0.01，看似可以忽略不计，放大到365天后，差距就大到不可挽回，大到让人心生绝望。所以，必须通过刻意练习来矫正那些看似细微的差距。

所以，刻意练习才是真功夫，也是企业多维竞争力的本源。只有真正看清楚整体产业结构和格局，以及企业在其中处于哪个位置，穿透式地发展、汲取资源，企业的事业才有无限可能。

PART EIGHT

链式经营：
从产品经营到产业经营

8

企业如何从产品经营实现产业链式突破？笔者经过大量企业管理咨询和实践，为真正有志于做强做大的企业家提供产业经营七步"干法"：找到战略锚点、控制核心中枢、聚焦关键变量、聚焦最终结果、扩张链条柔性、更新操作系统、再造商业生态。

国家战略的分解和企业的规模突破，二者在产业层面形成交汇（见图8-1）。企业之间的竞争结果，起决定作用的往往不是企业内部的供研产销，而是产业链之间的竞争。

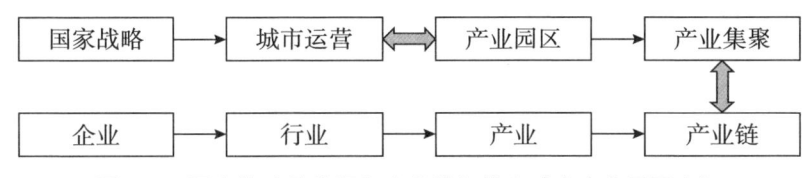

```
国家战略 → 城市运营 ⇔ 产业园区 → 产业集聚
                                    ⇕
企业 → 行业 → 产业 → 产业链
```

图8-1　国家战略的分解和企业的规模突破在产业层面交汇

企业的产业链式经营，成为连接国家战略和企业发展的关键一环。有雄心、有远见的企业家，往往是在产业层面布局并纵横捭阖，但对企业如何经营并放大产业链威力，鲜有论述和实证。

我们来看一个故事。

福建省晋江市的一家知名鞋服企业，曾聘请我们提供样板市场突破的咨询服务。当咨询项目组风尘仆仆地从市场一线抵达客户企业总部，想要冲击客户企业经营思路的时候，没想到先被客户董事长办公室冲击到了。办公室有几个特点：一是作为董事长日常办公、接待的场所，不仅不宽敞，甚至较为狭仄，看得出是由一间小型会议室改造而成的，可见企业家之不拘小节、勤俭节约；二是董事长的大班桌对面，整堵墙壁拦腰以上装修成了一面大白板，板擦、马克笔等整齐陈列着，可见这里日常经营讨论、企业决策发布的频繁程度；三是白板前的地面上，考虑节约空间，摆放了几个坐墩，高度类似马扎，坐者端坐上面，可仰望白板，也方便扭转方向、面对

169

董事长，有些学堂的感觉；四是白板用后擦得很干净，但顶端保留四个手写大字，显然是无论何种主题，都不能动摇其地位的。这四个字是"锱铢必较"。

这四个字反映了企业的经营观。企业家非常务实，对项目组汇报的单店陈列、样款、库存、导购、促销、会员维护等，每个细节都问询得非常细致，显见他对市场非常关心，并非高高在上、端坐办公室发号施令之辈。

但就是这家看上去颇务实、接地气的企业，后来怎么样呢？

几年过后，这家企业渐渐从行业领先退化到"泯然众人矣"，很少再见其广告。

反之，新冠疫情前后的这些年，很多国产鞋服领先品牌抓住周期机遇，频频出击获取优质资产。该鞋服企业的同城品牌——安踏，2021年实现营收493.3亿元[①]，超过阿迪达斯中国的营收，在国内运动鞋服的市场份额升至第二位。紧接着，2022年2月，北京冬奥会开幕式现场，人们发现刷屏的始祖鸟品牌居然是安踏旗下的品牌，这才了解到，安踏公司旗下还有世界顶级品牌FILA（斐乐）、迪桑特等。若单论品牌规模，安踏已经"完爆"耐克和阿迪达斯。

那么，其间到底发生了什么？安踏如何进一步拉大与"锱铢必较"的客户企业的差距，如有云泥之别？

安踏的做法是：2009年收购了意大利品牌FILA在中国的商标使用权和专营权等权益，并将其定位为品牌矩阵中的高端品牌；2018年又和方源资本、腾讯等组成投资者财团，以现金要约收购Amer

---

① 数据来源：新华网2022年3月23日发布文章《安踏集团2021年营收近500亿元 连续十年保持中国体育用品企业第一》（记者赵雪彤）。

Sports（AMEAS.HE，亚玛芬体育）所有发行股份，要将其旗下的始祖鸟、萨洛蒙和威尔逊三个品牌打造成为"10亿欧元"品牌。

可以想到，安踏对标的对象已经是国际顶级品牌阿迪达斯、耐克。如何彻底拉开与其他国产品牌的差距，进入国际顶级品牌的行列，是安踏战略突破的核心命题。你能想象它会停留在产品层面，较量一城一池的得失吗？那已经很落伍了。

安踏甩开同城鞋服品牌、超越李宁、追赶耐克等国际顶级品牌的战略突围之路，是一套以一个核心串联起从产品经营到产业经营的方法路径。其战略就是从"向内看产品"升级为"向外看产业"，在整个链条上面打通和勾连，而不是俯下身子把珍贵的时间耗费在单个产品或店铺的运营层面。

安踏通过一系列外部收购和内部孵化的模式，形成囊括专业运动、时尚运动、户外运动三大板块的"品牌宇宙"，这需要企业家从"关注产品"转向"面向产业"，即控制核心、从产品经营转向产业经营。

这就是本章要讲的核心内容：产业链式经营。

一、产业链式经营七步"干法"

产业经营是有前提的。我对一则故事很有共鸣：有个做古董生意的人，看到一个养猫人在用昂贵的盘子给猫喂食，于是他花很高的价钱买下这只猫，对猫主人说："这只小猫已经用惯了这个盘子，就一块儿送给我吧！"没想到猫主人不干了，说："你知道我用这个盘子已经卖出去多少只猫了吗？"

你能得到多少，取决于你知道多少以及你掌握多少。就如前述的晋江客户品牌，在企业家的经营观里，"锱铢必较"已经成为经营原则渗入企业血脉,这无关对错,但缺少了更多、更深、更广的认知和信息,把战术做成了战略。

产业链式经营还是一个非常新鲜的话题。从产品经营到产业经营,是企业的惊险一跃,跃过去就走向更大的成功,跃不过去就会像故事中的那个古董生意人,以为看到的是全部,事后才发现吃了亏。要突破养猫人的"圈套",眼光对内也要对外,应对变化要切中肯綮。

企业如何从产品经营到产业突围,实现产业链式突破?我在大量企业管理咨询和操作实践中提炼出产业链式经营七步"干法"(见图8-2),就是要为真正有志于做强做大的企业家提供一套破圈方法和路径。

1. 找到战略锚点　2. 控制核心中枢　3. 聚集关键变量　4. 聚集最终结果　5. 扩张链条柔性　6. 更新操作系统　7. 再造商业生态

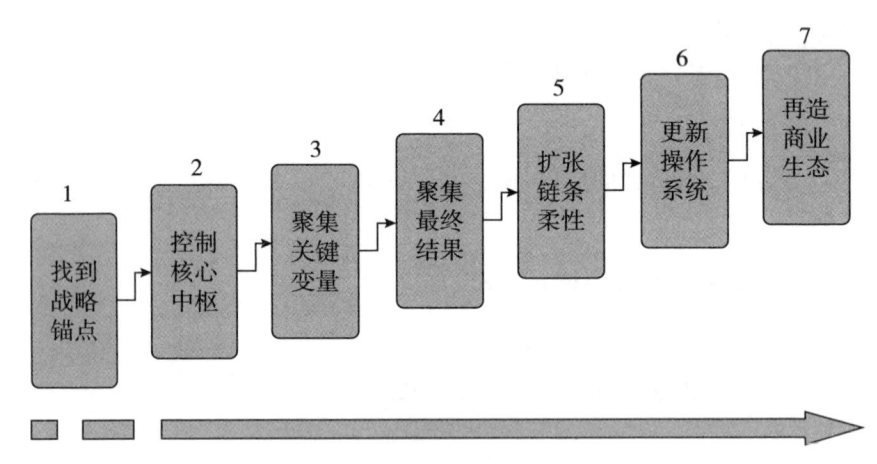

图8-2　产业链式经营七步"干法"

1. 找到战略锚点

从企业经营层面的战略发力点迈向产业经营层面的战略锚点。战略发力点,是从企业破圈、结构转换的角度看待从哪里发力,以寻求模式突破;战略锚点,是从战略动态转换的角度看待阶段性扎下深锚的"锚之变"和"锚之不变"。"锚之变",变在重新寻找具有竞争力的业务核心;"锚之不变",不变在一旦形成竞争力,就会在稳定性上下功夫，使其不易被模仿，也不易被超越。

2. 控制核心中枢

从点到线，围绕核心点构建中枢线。例如，企业从单一主体之间的竞争迈向生态系统的竞争，这需要企业将多主体纳入系统中，构建一套开放规则，以打通数据、信息连接和共享的壁垒，即控制核心，解决"依靠什么"的问题，从而凸显价值。

3. 聚焦关键变量

计划永远赶不上变化，尤其是管控复杂的企业平台，事件顺序中极小的混乱都有可能引发蝴蝶效应，导致巨大改变。如何不使企业的动机和意图落空？不是靠精细的线性程序，也不是靠事件因果关系的完整性，那些用处并不大，需要关注的是几个核心关键变量，即系统的某些复杂的关键点、临界点，例如关键人选、关键流程、飓风等关键影响。

4. 聚焦最终结果

理论虽然是难以预测的，是混沌的，但世界是链式反应的，下道工序是上道工序的承接，下游产出是上游输入的结果。战略上的以终为始、最严格的时间交期、规范而严谨的战略进度复盘、团队成员行动的目标感、言出必践的计划看板，这些都有助于企业聚焦最终结果。

5. 扩张链条柔性

从产品经营到产业经营，实现产业链式突破，其价值逻辑体现为"内外链接、双重嵌入"。链条上"内外链接"，企业价值链由传统的链式结构转变为环形定制，形成网络张力，构成一个混沌共生的生态系统；环节两端"双重嵌入"，通过核心企业对内畅通研发技术、生产工艺、数据平台，对外嵌入供应链、客户链和服务链。

6. 更新操作系统

一旦扩张链条柔性，形成了企业破圈的二次跃迁，必然要更新企业操作系统，从而营造品牌势能，贯通产业链，放大影响力，形成同心圆，从而将麻袋里的土豆变成土豆泥，让线上与线下、内部与外部、市场与企业、用户与员工融合为新操作系统的一部分。

7. 再造商业生态

企业操作系统的更新，进一步突破了传统的单一性链式价值创造模式，深化转变为整体性、网络式的价值创造模式。平台连接了多个主体，主体之间产生的协同可以赋能企业依托平台架构实现更深远、更大范围的资源整合与利用，进而实现多主体协同下的持续化、多元化的价值创造。

从以上"干法"上讲，破圈战略的核心作用并非简单地造就赢家，而是走到成功背后去，打造有利于优秀企业不断涌现、生生不息的产业生态。

二、找到战略锚点

按照钱德勒对战略的定义，战略是企业长期基本目标的决定，以及为实现这些目标所必需采纳的一系列行动和资源分配，目标源于锚点。如果将企业战略比作一艘巨轮，巨轮航行在深海里，如何在惊涛骇浪间系住沉重的舟身？

这艘巨轮的目标、行动，都要根植于一个锚定点，以确保它不会漫无目的、随波漂流。战略锚点，构成了企业经营遵循的基本原则，企业战略报告里不见得会体现，但行动方案须处处围绕着锚定的点来展开，从而"形散神不散"。

企业如何跨越经济周期，如何从战略动态转换的角度看待阶段性扎下深锚的"锚之变"和"锚之不变"？我们认为，战略锚点的周期性变化，主要有以下三类影响要素：大势、企业家梦想、标杆企业（见图8-3）。

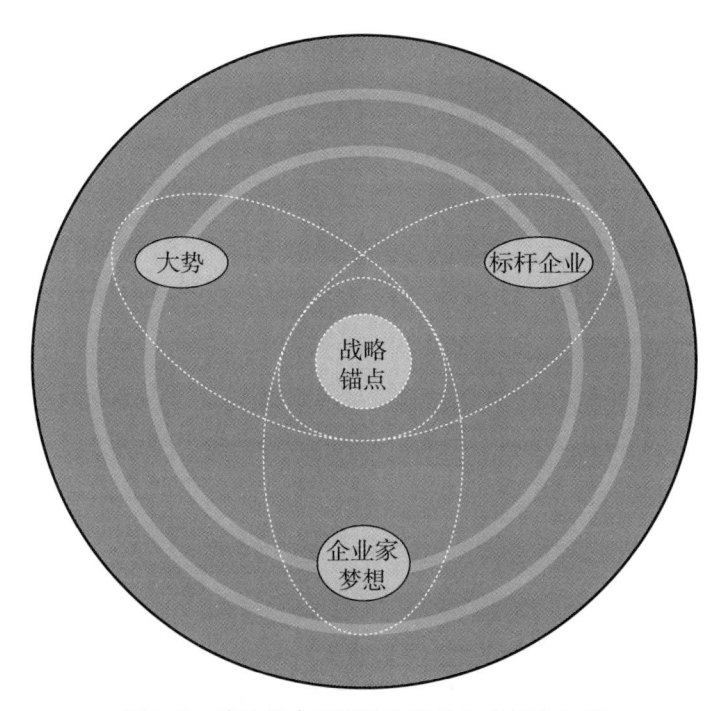

图8-3 战略锚点周期性变化的三类影响要素

第一，大势。大势变了，与周期密切相关的企业的锚点也要转变，例如房地产、建筑、矿业等固定资产比重很高的产业。

以万科为例，万科董事会主席郁亮在万科集团2022年会上的总结发言中提出，房地产行业进入"黑铁时代"，2022年是集团破釜沉舟、背水一战的一年。其中有一段内容值得深思：

面对行业到了"黑铁时代"，我们怎么找到新的锚定点？我们的薪酬体系应建立什么新的锚定点？我们还是锚定于"黄金时代"的体系吗？今年大家的收入肯定是大幅下调。当然大家不要以为只是收入，我们在方方面面都要建立新的锚定点，我们的福利、补贴等，要跟"黑铁时代"相适应。我们是从"黄金时代"过来的，今天必须在这个时点上，一步到位建立新的锚定点之后再出发，否则摆脱不了"黄金时代"的惯性。①

一段话约200字，多次出现"锚定点"一词。从战略环境上看，核心变化是从"黄金时代"步入"黑铁时代"，其关键转变是行业进入缩表出清阶段。对房地产行业来说，缩表出清就是去金融化，表现特征是"一个中心"，就是解决老百姓居住问题；"三个基本点"或"三个基本抓手"，分别是房住不炒、租购并举和"人—地—房"的匹配。这要求万科在战略上必须实施战略回缩，要适应行业规模萎缩，快速缩表出清，企业战略锚定于产业大势，要积极地在薪酬体系、考核指标和投资集约化等多方面行动一步到位。

第二，企业家梦想。多少事业雨打风吹去，唯有企业家梦想不灭。利润最大化并非企业家决策的唯一目标，优秀企业家有着利润之上的追求。在熊彼特看来，企业家受三个非金钱动机驱使：①建立自己的私人王国；②征服对手，证明自己比别人优越；③对创造性的享受。

企业家梦想不变，战略锚点也不会变。企业家梦想可以跨越地域、国界，营造现实中的理想集团。例如，华特·迪士尼的梦想是"一切的想法就是要给孩子们带去欢乐"，马斯克说"让人类成为跨行星物种，是我积累财富的唯一目的"，马云的追求是"让天下没有难做的生意"，他们的事业都发轫于自己的梦想，并忠实地去执行它。

以胖东来商贸集团为例。

---

① 参考胡嘉琦、朱耘的文章《"黑铁时代"来临，万科如何向死而生？》。

胖东来所在的超市行业，普遍采用总成本领先战略，但胖东来何以独辟蹊径走出一条差异化之路，在激烈的商场竞争中，不仅成功地在河南许昌、新乡等地立足，而且使沃尔玛、家乐福等大型商场黯然退出竞争？胖东来有独具特色的管理和运营手段，例如在超市管理方面，宣布不出售假货，超市售卖的所有蔬果肉类都经过精心挑选，不存在任何恶意压秤的欺诈行为，支持无理由退货等；在人本管理方面，杜绝加班文化，为员工设立委屈奖，规定员工每周工作时长不超过40小时、全年有30天带薪休假、职工持股等。但深层次挖掘，胖东来的种种做法，源自企业家的理想是成就人们实现阳光、个性、自由的生命状态，企业是一个践行和体现的平台，企业家的经营理念"发自内心的喜欢高于一切"，使胖东来的经营目标表现为"量力而行地满足民生需求，优秀的细节管理"。由此，胖东来企业的战略锚定点，其实在于突破"经济人"假设，真正做到"以人为本"，打磨出一套成功的服务质量和商业模式上的创新机制。

第三，标杆企业。针对产业链上下游或者同类型企业中的领先企业，锚定标杆，牢牢地对照要求，不仅是跟随，更是为了超越，超越了就再立一个标杆。这是非常有效的找到战略锚点的方法。

华为1998年开始与IBM合作开展未来向世界级企业转型所需的IPD（集成产品开发）、ISC（集成供应链）、IT系统重整、财务四统一等管理变革项目，要求先僵化、后优化、再固化，不惜一切代价将IBM管理精髓移植到华为身上，前后历时约20年，花费人民币数十亿元，通过整个管理体系的变革，构建了研发、供应链、财经和销售服务体系，从而促使华为走向规范化、职业化和国际化。任正非说，不在非战略机会点上消耗战略竞争力量，也正是因为二十多年如一日的坚守以及投入，才有了今天的厚积薄发。

再如立讯精密。

立讯精密从小小连接器起家，在电子行业的黄金10年，开始时锚定富士康，老板王来春在富士康所学的管理模式是其创业的基础，后来转变为锚定苹果。立讯精密紧紧追随强者，以头部大客户为锚点实现"机、电、声、光"全覆盖，演绎了一段产业链重构下抓住时代机遇而崛起的故事。

三、控制核心中枢

企业找到战略锚点以后，经营上要绑定它。绑定战略锚点，全力猛攻，从而控制核心中枢。

1. 什么是核心中枢

从绑定战略锚点到控制核心中枢，这是奠定企业局面的过程。那么，什么才是核心中枢？核心中枢需要具备哪些要素？

（1）核心中枢要建立高壁垒，形成势力范围

核心中枢一定是跟随企业战略转变，找到内驱的锚定点，一经激发就投射出一股力量，形成一片势力范围，因此是有壁垒而且有极高延展性的，就像地下岩浆总要找到能突破、有势能的火山眼，一举喷薄而出一样。

（2）核心中枢要找到企业更新的利润区，奠定"赢的道理"

核心中枢要奠定"赢的道理"，要整合资源驱向利润、市值或企业其他目标的方向。所以，核心中枢也要跟随企业战略转变，因为其事关经营大局，影响企业利润走向，可能帮助企业突围找到更新的利润区。驱动利润点的最根本因素就是锚定点，类似内化于心；整合资源建设优势的显性化模式、产品等过程，就是落子布局，就是围棋中"金角银边草肚皮"的占据"金角银边"，就是"上兵伐谋，其次伐交，其次伐兵，其下攻城"[①]的"伐谋"和"伐交"。

回到万科围绕战略锚点的核心中枢建设，郁亮说，一切工作都围绕打仗进行，围绕止跌回稳提升、缩表出清和"长肌肉"三项主要任务展开，与之无关的工作都可以放一放，放在次要位置。我们的所有资源，包括组织资源、资金资源、人力资源都要向这三大任务调配。依据纪要公开资料，我们可以简要列出一张从"黄金时代"转型到"黑铁时代"，万科绑定锚点并建立核心中枢的做法表（见表8-1）。

表8-1　万科绑定锚点并建立核心中枢的做法表

锚点	主要任务	"黄金时代"做法	"黑铁时代"做法
房地产行业从"黄金时代"进入"黑铁时代"，聚焦"打仗"	止跌回稳提升	（1）均匀、分散式的投资； （2）做加法：传统业务	（1）集约化投资：向市场表现更好、团队操盘能力得到证明的领域倾斜； （2）压缩经营性业务，除开发业务中6～8级的复杂项目外
	缩表出清	（1）广建公司、团队； （2）分散发力，各区域多产品线：如西北区域在上海专设办事处招聘高能级人才； （3）每个公司单独建立一个投拓团队，专门研究城市	（1）收番号：做不好的地方，整建制撤销，收回番号； （2）管理人员全部下沉：取消原集团合伙人层级，全部下沉到所在单位； （3）营造节表缩食战时氛围：不买头等舱等； （4）精减各公司首席客户官； （5）从聚焦发力、拉通来看，投拓、产品团队实现一盘棋建设

---

① 孙武.孙子兵法[M].郭化若,译.上海：上海古籍出版社,2019.

续　表

锚点	主要任务	"黄金时代"做法	"黑铁时代"做法
房地产行业从"黄金时代"进入"黑铁时代",聚焦"打仗"	"长肌肉"	(1)过去每个环节都可以外包； (2)做"二传手"、假手于人,采用层层转包的方式； (3)采用成本加成的收费模式	流程再造,自己干

2. 如何绑定战略锚点,控制核心中枢

如何控制核心中枢？

找到产业链经营的战略锚点,然后是由点构线、面甚至体,实现控制核心中枢。在实施步骤上,从战略锚点到核心中枢,中间需要调配资源。所谓指哪打哪,不同举措的结果如云泥之别,不可同日而语。

我们以迪士尼为实例,来看企业集团是如何挥舞产业链条,实现绑定战略锚点、控制核心中枢的。

(1) 从战略锚点到调配资源

迪士尼是全球最大的特许经营授权商,拥有米老鼠等原创形象版权,但也曾面临着核心IP老化、创造力疲弱、企业经营不善的窘境。那么,要打造一家百年文化帝国,迪士尼的战略锚点锚定于哪里呢？

从财务数据看,迪士尼的核心业务是特许经营。那么,是不是就锚定于特许经营,在全球大力出让特许经营权,遍地设立国际主题公园呢？

如果这样思考,就和国内众多收入结构单一、重度依赖游客门票收入的主题公园处于一个水平了。

那么,作为以提供文化产品为主要业务的企业集团,迪士尼的

战略核心究竟是什么？是将IP延伸到多种泛文化企业或市场上，例如影视、杂志、图书等，让其形成多个利润点，从而支撑起迪士尼的业绩和品牌位势，还是看到对消费者的吸引力源于电影人物的IP影响力，所以将核心定为电影，下大力气锚定于电影IP？

这就形成了两条不同的路线：

一条路线是以泛文化延伸为战略锚点，并购影视公司，杂志、图书出版单位等，支撑特许经营和主题公园业务。

另一条路线是以电影IP创意为战略锚点，并购皮克斯、漫威、卢卡斯，支撑特许经营和主题公园业务。

从战略锚点到调配资源，不同的路线选择决定了企业不同的命运。

（2）从绑定战略锚点到控制核心中枢

两条路线，两种不同的战略，哪种能解决核心IP老化、创造力疲弱的核心问题？

一种战略是把迪士尼看作泛文化品牌，锚定于"文化延伸"，实施相关多元化整合策略，围绕泛文化矩阵，让其多点开花的文化传播力、渠道力支撑起遍布全球的强势的特许经营权业务和主题公园业务（见图8-4）。

```
                    ┌─────────────────────────┐
                    │  迪士尼集团（泛文化品牌）  │
                    └───────────┬─────────────┘
战略                              ↓
锚点                    ┌─────────────────┐
                       │    "文化延伸"    │
                       └────────┬────────┘
核心      ┌──────┬──────┬──────┼──────┬──────┐
中枢      │ 电影 │ 电视 │ 杂志 │ 图书 │互联网│ …… │
          └───┬──┴──────┴──────┴──────┴──────┴──┬──┘
              ↓                                  ↓
     ┌─────────────────┐              ┌─────────────────┐
     │  特许经营业务    │              │  主题公园业务    │
     └─────────────────┘              └─────────────────┘
```

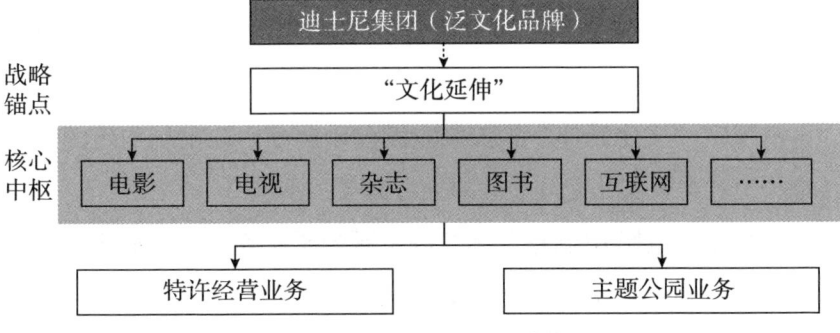

图8-4 迪士尼泛文化品牌战略

另一种战略是把迪士尼看作一个电影IP品牌，锚定于"电影IP创意"，实施相关多元化整合策略，从迪士尼影业到皮克斯影业、漫威影业、卢卡斯影业等，让电影IP创意创造力支撑起遍布全球的强势的特许经营业务和主题公园业务（见图8-5）。

```
战略              迪士尼集团（电影IP品牌）
锚点                     ↓
                     "电影IP创意"
核心     ┌──────┬──────┼──────┬──────┐
中枢    迪士尼影业 皮克斯影业 漫威影业 卢卡斯影业 ……
              └──────┬──────┘
          ┌──────────┴──────────┐
       特许经营业务            主题公园业务
```

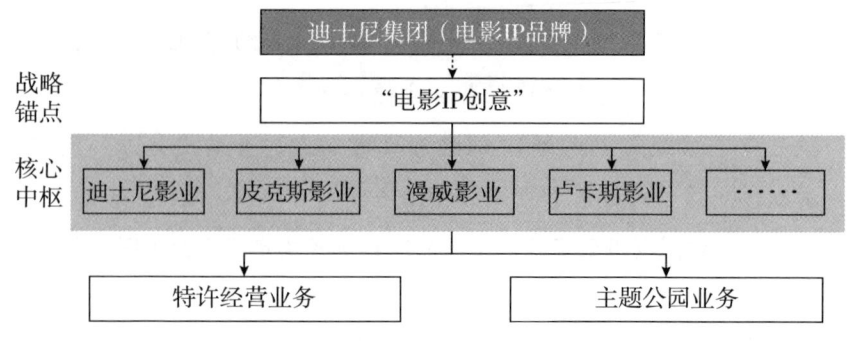

图8-5　迪士尼电影IP品牌战略

并非笔者臆测，历史就是这么发生的。

前者是迈克尔·艾斯纳担任迪士尼CEO期间的战略，迪士尼营收一度增长到121亿美元，但由于缺乏支撑，很快出现下滑；后者是继任者罗伯特·艾格担任CEO期间的战略，通过吸纳吞吐创意公司，使迪士尼市值重回巅峰。

为什么？

从绑定战略锚点到控制核心中枢，两条战略路线的逻辑截然不同：

从绑定"文化延伸"到控制主题公园业务，迪士尼构建的文化传播渠道和粉丝买账之间，并非充分必要关系。

从绑定"电影IP创意"到控制主题公园业务，迪士尼构建的电影知名IP和粉丝买账之间，形成充分必要关系。

虽然迪士尼集团的业务流水主要来源于特许经营和主题公园业

务，但如果CEO看不到背后的驱动力其实是电影IP创意的话，就无从建立起使主题公园在全球多点开花的强大品牌驱动力。

这也是破圈战略一直倡导的吸引力法则。主题公园这一核心中枢，实质是链接IP和粉丝之间的一个载体或连接器。迪士尼将初期的米老鼠、唐老鸭，后期并购的漫威英雄等IP，无边界注入主题公园的各类设施场景，赋予主题公园的各种硬件设施以灵魂，推动了IP衍生变现。只有当这一逻辑完全畅通，一个完整的循环才算建立起来。

四、聚焦关键变量

找到战略锚点，控制核心中枢，构建链式经营从点到线、面、体的价值网络，这对企业来说至关重要。但问题是，不管企业如何运筹帷幄，试图掌控未来，总会有变量出现，让企业猝不及防。

百年未有之大变局下，我们所处的产业、环境都在以倍速发生变化，甚至有看似"远在天边"的潜在竞争者，吞噬着企业最有价值的部分。了解变量、聚焦变量、掌握变量，是企业家的必修课。

1. 了解变量机制

假如把大千世界想象成一个电脑屏幕，屏幕上到处飞翔着彩色的蝴蝶，蝴蝶翩翩起舞，随时变幻出七彩颜色，让人眼花缭乱，看不出任何有规律的变化方式。但是假若让一只蝴蝶身边任一只蝴蝶的颜色都随着它来变化，那我们马上就会发现一个令人惊异的世界。这个世界貌似是有章可循的，每只蝴蝶颜色的变化，都遵循着它身边某只蝴蝶的色彩变化规律，它们共同呈现出一个类似孔雀开屏，又更加丰富多变、熠熠生辉的世界。在这个相互影响的蝴蝶世界里，各种新颖的色彩组合构成一个复杂的色彩网状结构，但又有着丰富的内在统一性。很难用言语描述，这恰如企业的机体组织，有着令人诧异的潜在变化方式。

这就是一个关于变量的世界的例子。把规则"假若让一只蝴蝶身边任一只蝴蝶的颜色都随着它来变化"引入变量世界，模拟的是我们充满规则的现实工作和生活。变量和规则是相生互动的关系。无论是脑细胞的运作方式、企业计划外的某项举措，还是事物运行的轨迹等，都是在规则中产生变量，变量又影响规则，从而结成一个整体，影响着世界的运行秩序。我们可以清晰地看到，就像热带雨林一样，不管内部生态多么复杂，在建立一种规则，即引导内在的一致性后，终会回归可控。

我们可以掌握如下变量机制：

第一，变量并不可怕，既有复杂性，也有自适应性，二者都是系统网络的组成部分。

第二，变量的复杂性最后会回归可控结果。

第三，通过了解变量机制，可以引导变量本身成为促进组织前进的动力，成为推动系统自进化、自净化的力量源泉之一。

2. 如何聚焦关键，掌握变量

如何聚焦关键变量？

第一，"点—线"贯通，即前述从绑定战略锚点到控制核心中枢的贯通过程，这是聚焦关键变量的核心。

第二，"点—线"贯通的基础是建立产品经营的一致性，越快建立产品经营的一致性，越容易掌控关键变量。

第三，建立产品经营的一致性的基础是把不确定性层层降低，即削平门槛，降低每一层进阶落差（见图8-6）。

链式经营：从产品经营到产业经营

聚焦关键变量

"点—线"贯通
- "点—线"贯通
  - 打通锚点、链接中枢
  - 畅通经营逻辑

建立产品经营的一致性
- "点—线"贯通的基础，是建立产品经营的一致性
  - 产品经营的实质是内在一致性
  - "重复就是力量，数量堆死质量"

把不确定性层层降低
- 产品经营一致性的基础是把不确定性层层降低
  - "方向大致正确"的智慧
  - 削平门槛，降低每一层进阶落差

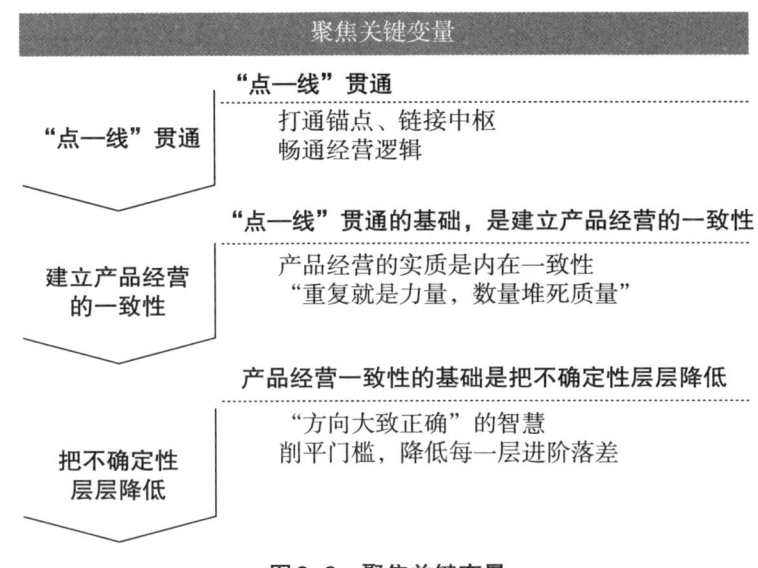

图 8-6　聚焦关键变量

关于"点—线"贯通，二者串联在一起的经营逻辑是否畅通，是企业能否实现战略性增长的内在要义。很多企业的战略经不起推敲，就是因为只是汇聚班子力量，按"图"索骥——按照既定的体例格式，做出了一份战略规划文本，内容却经不起推敲，没有打通锚点、链接中枢。这里重点讲建立产品经营的一致性和把不确定性层层降低。

（1）建立产品经营的一致性，掌控关键变量

在转型、升级的时代背景下，我们在咨询过程中，常见一种企业现象：面对棘手的经营问题或者困局，企业家和我们交流时，会暗示或强调企业"什么招数都尝试过了"。什么都做了，但由于种种变量因素，效果就是不尽如人意，怎么办？

从实际经营上看，可能是组织有问题，激励机制有问题，甚或人有问题，但问题最终往往会落在产品上。唯有产品能进入交易系统，唯有产品能产生用户价值，唯有产品能得到市场反馈。

185

第一，产品经营的实质是建立内在一致性。

我们帮助企业实现战略性增长，在签约进场后，做的一个关键动作就是梳理客户的产品线。把客户的产品一一晒出来，从功能、定价、用户群体、毛利率、市场反馈（包括存货）的角度，提出市场、财务、消费结构的改善策略。

企业为了占领更多市场，覆盖更多客户，常常倾向于叠床架屋式地扩大产品线、产品系列，这是诱导变量产生的渊薮。例如，做五金锁具的客户企业，会从门锁、摩托车锁等大类中无限制地分出各种型号；做复合肥的客户企业，为了多开发经销商，实现区域市场的细分覆盖，会允诺为经销商定制包装或设立一个产品型号，直至衍生出连老板都分不清的N个同质产品……这都是实事。企业为应对市场竞争的变量，反而制造出了更多的变量，这些都是建立不起产品的内在一致性的表现。

好的企业的成功之处，是建立起了产品经营层面的内在一致性，并一直以该经营逻辑为准绳。例如美的。我们曾经参与美的电风扇、电饭煲、电暖器、厨房电器等多个事业部的咨询项目实践，看到了美的产品的内在一致性：在"大规模制造、大规模分销"时期，无一不是以性价比取胜，甚至为此不惜牺牲形象。

再如立讯精密。立讯精密以头部大客户为锚点，从锚定富士康到锚定苹果，紧紧追随强者，其切入的新产品一直保持着一个共同的特征：不管是声学还是光学，都是电子元器件中相对毛利率较高，但是未来的发展趋势会降价的产品，它在一步步积累自身迭代参与新周期的能力。

第二，重复就是力量，数量堆死质量。

在产品的内在一致性方面，重复就是力量，数量堆死质量。变量使得未来难以预测，但是熟悉变量机制后，就会发现一些对未来趋势起至关重要作用的"稳态"。

在这方面，企业确立了产品的内在一致性，将其落实为经营关键事项，接着就是坚持，直到把事做成。盛大创始人陈天桥的弟弟陈大年回顾盛大、阿里、腾讯的成功路径，发现决定这些公司成就的往往就是其中的几件事，其他大部分工作都是锦上添花。只要做对了这几件事，又不太在意短期利益，这些公司就能够达到今天的成就。作为中国曾经最赚钱、用户量最大的互联网公司之一，盛大那时的崛起，在他看来，是因为做对了三件事：第一件事是靠代理《热血传奇》活下来并且赚钱（存活）；第二件事是推出自主研发的《传奇世界》并且成功，不再担心失去游戏代理权（自我创新、自主存活）；第三件事是做成起点中文网，表明盛大网络不只做游戏可以成功（跨领域成功）。

（2）掌握关键变量的诀窍：把不确定性层层降低

掌控关键变量，并非要穷尽变量因素。我们的一些客户企业走在这样的歧途上，管理上务求精细、务求穷尽，把很多关键岗位牢牢摁在办公室里、电脑桌前，这样只会加大经营上的不确定性。走出去践行，在战斗中消灭战斗，才是真理。掌控关键变量的诀窍，就是要把不确定性层层降低。

第一，方向大致正确的智慧。

说到此，任正非显然是一位历经百战的大智慧者。他提出战略上方向大致正确，让很多人琢磨。这就是与变量共存之道。我们不可能控制或充分利用系统中的每一个变量。变量是无法穷尽的，因为它们太复杂了，也许只有人工智能才能做到。但如果你能掌握系统中的一个关键锚点，一把拎出来，把资源配置给它，利用它实现对系统的间接控制，就相当于掌握了多级系统中的无穷变量。这就是方向大致正确。

第二，削平门槛，降低每一层进阶落差。

掌控关键变量，就是要削平门槛，降低每一层进阶落差。

应对变量，就是对不确定性和确定性的争夺，减少不确定性，增加确定性。而增加确定性的过程，也是让受众逐步接受、认可的过程，从中建立起品牌的知晓度、认可度直至知名度、美誉度。

所以，从锚点到核心中枢的建设过程是否达成对全局的影响力，需要通过产品、服务降低每一层进阶的落差，每一个动作都以削平受众的心理门槛、接受门槛为准。这是掌控关键变量的要义。

北京环球度假区的收入模式

国产的主题公园收入主要靠门票，而环球度假区不同，它以IP为锚点建立了一条核心中枢。北京环球度假区包括北京环球影城主题公园、北京环球城市大道、度假酒店（两家）。这还只是第一期。

在北京环球度假区的收入模式中，门票收入是流量转化入口。游客通过免费观光环球城市大道，为周边的餐饮美食、零售服务和纪念品店提供二次收入，同时为收费的主题公园提供流量。实现二次转化就够了？配套两家度假酒店，延长了顾客的游玩时间，提升了游玩体验，实质是在抬高客单价和复购率。

三者之间的梯级落差设计，形成了一套以IP门票收入为支点，撬动来自泛产业链衍生产品的销售收入和酒店宿费收入，引导二次复购等业务。优质IP是用来拉动流量和拉高转化率的，核心是通过衍生品、纪念品、食品饮料、酒店服务等优质体验，一步步让游客陷入具体情境中，通过时间的拉长，实现更高的复购率。

这是经营优质IP的秘诀，经营门槛一级一级地削低，形成了一个基于消费漏斗的指数级效应模式。若用一个公式表达就是

$$销售收入 = 流量 \times 转化率 \times 客单价 \times 复购率$$

这个模式中，IP负责"入门"，娱乐性及产品负责大规模"自传播"，促使变量越来越少，直至完成对经营不确定性的破圈。主题公园门票收入占比的不断降低，也意味着IP品牌张力增强，模式更成熟，变量变得更可控。①

五、聚焦最终结果

产业链争夺的结果，以企业在产业链上所处环节的地位权重变化作为评价标准。企业终究要以经营成果来说话，聚焦关键变量，也要更好地聚焦最终结果。

企业随着其复杂的机体运转，或者陷入为忙而忙、为考核而考核中，或者简单粗暴地要求直接对准结果，走向两个极端。产业链式经营对企业提出更高的要求，从以下三方面出发，帮助企业更好地聚焦最终结果。一是人，培养员工的战略眼光和生意头脑；二是生意，结合生意，突破经营底线；三是人和生意相结合的模式，模式简明，直截了当（见图8-7）。

---

① 部分参考吴宪、刘丽梅的文章《北京环球影城对中国本土主题公园发展的启示》，发表于《内蒙古财经大学学报》。

聚焦最终结果

- 培养员工的战略眼光和生意头脑
  企业最重要的培训是使员工有战略眼光，有生意头脑
- 结合生意，突破经营底线
  每个企业都需要确立经营底线策略，并使其成长
- 模式简明，直截了当
  商业模式简明，有利于打造指数型组织

图8-7　聚焦最终结果的三方面

1. 培养员工的战略眼光和生意头脑

企业每年花费大笔经费用于员工培训，各种破冰、分组对抗、管理技术学习，都需要耗费资源和精力。但事实上，企业真正需要培养员工的什么能力？结合企业的战略突破，本人认为，企业真正需要耗费资源和心力培养员工两个方面的能力：一是有战略眼光，二是有生意头脑。二者终归是一件事，即与企业家战略、企业家精神同频，形成真正的一盘棋，以实现企业战略性增长。

柳井正对经营者的定义就是"取得成果的人"。经营者需要"取得成果"，并为此而努力，所谓成果，即"承诺的事情"。企业中需要上下彼此承诺，即上下一致形成心灵契约和行动契约，这不仅是经营者的事，也是企业管理层、员工的事。

来看看日本丰田公司是怎么突破豪华车界限的。

链式经营：从产品经营到产业经营

20世纪80年代，丰田公司想要打造一款汽车品牌，冲破西方对顶级豪华汽车的垄断。要实现打造超越同级的世界级豪华品牌的目标，核心是拥有超凡的性能，指标量化为250公里的最高时速（当时奔驰和宝马车型约为210公里）、0.28的超低风阻系数（奔驰和宝马车型均高于0.32）、时速96公里时车内噪声低至58分贝（相同条件下奔驰和宝马车型的噪声水平均高于60分贝），百公里油耗低于10.4升（奔驰和宝马车型高于11.8升）。这在当时被认为几乎不可能。

丰田是怎么聚焦最终结果的呢？丰田信奉工程师哲学，要求员工除了是技术人，还必须是生意人。为此，丰田精心谋划了一次行动，让Lexus项目整个团队，不仅包括营销人员、采购人员，还包括设计师、工程师、模型师、技术人员，到美国加利福尼亚吃穿住行体验一个月，住国宾级酒店，吃豪华餐馆，驾驶豪车，参加名流聚会，以感受富人和名人的生活方式，理解他们的需求和追求，最终创造出了450种原型车，制造了900多台原型发动机，最后历经435万公里的路试，通过大量的消费者分析，挑选出最适合的一种。这就是Lexus诞生的过程。[1]

我们常因欣赏路边的风景而忘记了为什么出发。公司（组织）从诞生的第一天起，所有的商业逻辑的基础就是盈利，盈利能力不仅决定了公司的发展速度，甚至在一定程度上决定了业务走向。追求计划过细的创新是一种妄想，因为因果关系是模糊或不可预见的。因此，不要聚焦于因果的多样性，而要聚焦于我们期望的最终结果。

---

[1] 部分参考高木晴夫：《雷克萨斯奇迹》，东方出版社2010年出版。

2. 结合生意，突破经营底线

每个企业都需要确立底线思维。结合生意，底线突破，这就是孙子兵法所讲的"立于不败之地"和"先为不可胜，以待敌之可胜"。

我曾服务的一个区域城投企业客户，承担着高新区建设重任，在项目服务当年，同步开工的项目共32个，涉及桥梁、道路、学校、歌剧院、超高层建筑、大型广场等不同形态，在统筹各部门建设运营进度及各项计划的同时，企业还需要放大资本金杠杆、发债、争取政府更多资金资源，已经疲兵耗战。但临近年底，下一年的建设任务量是多少？同步开工的项目要比当年猛增3倍以上才能完成目标。这不是企业究竟能不能顶住压力的问题，这是企业底线，底线必保，不能退缩，然后才能谋取更大的战略发展空间。

企业需要制定能决定经营结果的底线策略并使其成长。

我曾经合作过很多工业品企业，参与并指导过它们的年度经营计划。企业的年度经营计划中，涉供研产销的计划事项常常多达上百条，但我能很快看出计划的问题所在，为什么？因为书面计划铺陈的同级别诸多细项，轻重缓急并不相同，大致可分为三类：重点举措、辅助举措、花式招数，而真正决定经营结果的并不太多。其中，大客户营销额、利润额是企业配置资源的重中之重。而这常湮没在大篇幅的报告中，颇有"善战者，无赫赫战功"的意味，这显然是不对的。

对于某药用辅料龙头企业，我们反对长尾，明确提出了大客户营销策略，对排名前5~10位的重大客户予以重点关注，并且将研发、生产、工艺等标准聚焦于大客户需求，巩固大客户份额。不仅如此，我们还提出前置营销策略，就是充分了解到科研院所对于制药企业的源头影响力，因此把产品前置到科研院所的实验室里，从源头培育客户、陪伴客户成长，虽然需要付出，但属于花小钱办大事，所需的资金和资源量级与大客户带来的营收相比微不足道。我们还明确了客户清欠策略，因为客户偏多，应收账款比重太高，存在呆坏账的风险。但毋庸置疑，前置营销、客户清欠等，都是辅助举措。

某智能控制器龙头企业，多年来潜心打造针对小家电头部企业的供研产销一体化响应链条，终于培育出了几家重大客户，如美的、苏泊尔等。体现企业经营底线策略的，是企业的销售分支机构并非常规按照行政区域划分，而是重点围绕战略客户而定，如在苏泊尔总部附近专门设置了办事机构，这使苏泊尔一度为该企业贡献30%的营收。而对于重大客户的底线突破，还带来了其他好处：美的关注到这家供应商，对其实施了战略投资。在企业经营计划的诸多事项中，我们也看到了该企业在智能家居系统集成、创客孵化、医疗健康等领域的渗透和拓展，但以我们的眼光，那多属于花式招数，彰显的其实是企业的各种潜在可能性。

企业要设置不断成长的经营底线策略。

3. 模式简明，直截了当

过往的诸多实战经历，逐步让我们意识到返璞归真、简明、直截了当的极端重要性。从产品经营走向产业经营，企业运作愈加复杂，但模式相反，越简明越好，因为模式打造的是游戏规则，如果游戏规则简明，用户就会进行病毒式传播，利于打造指数型组织。

帆书（原樊登读书会）的基本原则模式就是向用户收取年费。围绕该基本模式，在用户定位上瞄准有时间读书、不知道读什么书、读书效率低的三类人，选择讲实用性强、能很快被读者接受的三类书：事业、家庭和心灵类书籍，销售方式以"口碑推荐+城市代理销售"为主。

亚马逊取得成功的关键，就在于其创立的Prime会员计划。亚马逊通过各种增值性权益的设计，吸引了超过1亿人的高度忠诚客户，每年收取119美元的会员费。这构成了亚马逊的基本盘和利润池。围绕该基本模式，亚马逊还提出了变通模式，如家庭计划，可以最多关联2个成人账户、4个儿童账户（12岁以下）和2个青少年账户（12~17岁），从而使家长在一定程度上掌控家庭消费，并获得叠加折扣优惠。另外，对于接受政府援助的人，亚马逊只收取每月5.99美元的费用等。[1]

六、扩张链条柔性

企业要实现产业链式突破，链式经营七步"干法"中的前四步——找到战略锚点、控制核心中枢、聚焦关键变量、聚焦最终结果——已经构建了一个经营循环，使企业努力楔入产业链条，力争成为产业中不可替代的核心。但这仍然是小循环，要实现产业链式突破，企业需要更上一层楼，构建大循环。

在聚焦关键变量、聚焦最终结果的基础上，企业需要持续扩张链条柔性、伺机而动，打造具有真实竞争优势的平台。

就如张瑞敏所说，某种意义上，要么你拥有平台，要么你被平台所拥有。企业与企业之间的竞争，看似是单一主体之间的竞争，实质是企业打通数据、信息连接和共享的壁垒后，与企业所在生态

---

[1] 参见亚马逊网站会员政策。

系统之间的竞争，拼的是认知能力、事业格局和行动速度。

扩张链条柔性，从做法上体现为"内外链接、双重嵌入"。

内外链接，是指核心企业对内链接科技研发、生产工艺、数据平台，对外链接供应链、客户链和服务链，构建开放有序的平台规则，纳入多个相关协作主体，实现多主体协同下的"线—面—体"价值创造。

双重嵌入，是指环节两端双重嵌入，基于企业价值链由传统的链式结构转变为环形定制，让员工与客户、企业与市场、研发与需求、内部与外部、线下与线上同心同向互动，形成网络张力，实现资源在更大范围内的整合与利用。

以拼多多为例。拼多多能撼动淘宝、京东两强鼎立的电商双寡头格局，实现电商三强并立的格局，这本身是一个商业奇迹。而拼多多的崛起，生动诠释了扩大消费群体、扩张链条柔性的战略路径。

拼多多起初的用户定位是小镇青年，需求以廉价商品为主，策略以拉高折扣为主，特点是耗时长、黏性高。在2015年前后，拼多多开始扩张链条柔性的第一步，抓住两大机遇，一是移动互联网的崛起，二是淘宝严格清理部分不符合规范的商家，瞄准小镇青年消费群体打通消费链，因为这个群体有着较为充裕的时间和较紧密的社交圈子，契合拼多多推出的发红包砍价、返现等通过时间去换取利益的方式。

扩张链条柔性的第二步是向城市试探突围，面向城市低端消费人群，如学生、老人、低端务工人员等，商品以高性价比产品、产地直达农产品为主，打通供应链，对接农业原产地，推出源头直采的低价农产品，策略以社交玩法为主，特点是黏性较高。

扩张链条柔性的第三步是用户突破至城市主力消费人群，需求叠加了有补贴的高端商品，商品仍以高性价比产品、产地直达农产品为主，策略上在社交玩法的基础上，展开电视节目冠名赞助、地铁公交等触达率高的广告推广。这期间，拼多多投入了巨额资金，一面砸向公交站、CBD、大流量综艺节目等广告推广，另一面重点补贴主力消费人群需求的差异化商品，以持续形成高黏性。

扩张链条柔性的第四步是用户突破至城市中高端消费人群，需求叠加了轻奢类商品，策略以品牌合作、信誉保障为主。这期间，拼多多大力推动品牌客户在拼多多建立认证的旗舰店，给予定价折扣，实现了与产业链上下游协作主体共建开放有序的平台规则，以及资源的最大化整合利用。

再以"世界三大黄金玉米带"之一的吉林的玉米产业为例，来看玉米产业如何通过扩张链条柔性，实现产业振兴。

玉米种植范围广，产量大，全球1/3的人口以玉米为主食；作为公认的"饲料之王"，玉米大部分用作饲料，老百姓吃的肉、蛋、奶的生产都离不开它；作为重要的工业原料，玉米是食品深加工、医药、航天工业的重要原料。

全国每种出8穗玉米，就有近1穗产自吉林。但是，吉林的玉米产业仍然属于第一产业范畴，在这片黑土地上的玉米核心产区，政府要主导实现玉米产业向更高层次发展，要怎样战略破题，引领产业发展？

在纷繁复杂的产业发展要素背后，玉米产业的发展更需要的是战略引领和战略俯瞰力，就像站上二楼包厢，才能看清楚一楼舞池里翩翩起舞的众生相一样。产业（舞池）中的各个主体（跳舞的对象）是不同的，结构性的耦合才能形成共生合力。东北玉米产业亟须破圈升华，首先需要立足玉米产业链，夯实基础，扩张链条柔性。

东北玉米产业的链示突破如图8-8所示。

链式经营：从产品经营到产业经营

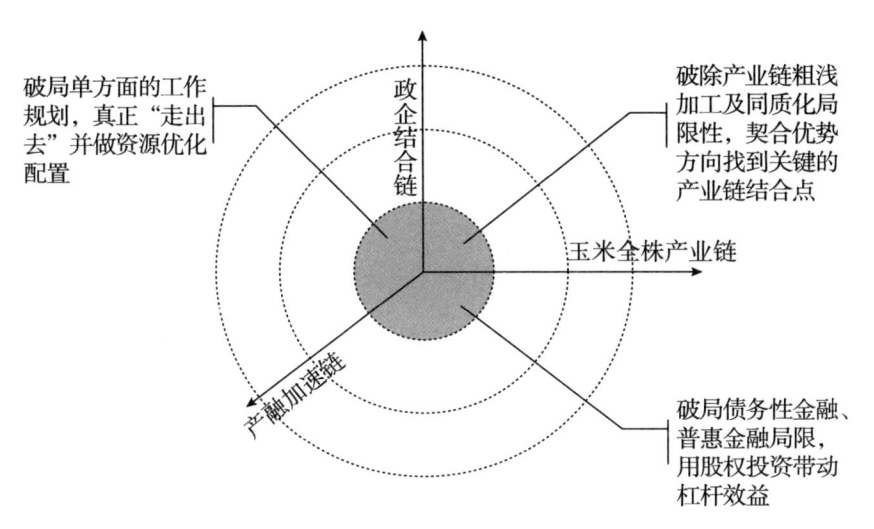

图中文字：
- 破局单方面的工作规划，真正"走出去"并做资源优化配置
- 政企结合链
- 破除产业链粗浅加工及同质化局限性，契合优势方向找到关键的产业链结合点
- 产融加速链
- 玉米全株产业链
- 破局债务性金融、普惠金融局限，用股权投资带动杠杆效益

图8-8　东北玉米产业的链式突破

一是沿着玉米全株产业链形成产业规划。作为三大粮食作物中最适合作为工业原料的品种，以及加工程度最高、增值最高的粮食作物，玉米可加工的工业产品达3000多种。玉米籽粒可加工成淀粉，再深加工成各种变性淀粉，广泛应用于食品、纺织、石油、造纸、医药、化工、冶金等行业；玉米芯可加工成糠醛、木糖、麦芽糖等；玉米秸秆能转化为纤维素乙醇，是清洁能源的一种替代原料；玉米叶是匠人手中精美的手工艺品。玉米全株都是宝，而且随着加工技术的不断升级，加工层次还在不断加深。

二是沿着政企结合链形成"政—企—生态"合力。产业振兴由政府主导，实施主体却是企业，龙头企业和其他中小企业一道，构成了支撑区域玉米产业的骨干力量。区域内龙头企业的战略方向各不相同，政府要能指导龙头企业战略的走向，二者需要"内外链接、双重嵌入"，形成同频合力。

三是沿着产融加速链形成"城—产—农"升级。政府是加速器，企业是孵化器。金融要支持黑土地的保护，支持城乡一体化

197

建设，支撑区域产业的升级发展，需要组建国资投资平台，确立重点投资领域、赛道，要善于做母基金，与发达区域的头部投资机构合作设立产业基金，组建上体量上规模的产业基金群，有计划地投资整合相关企业和多元利益方，形成用股权投资带动杠杆效应的布局，成为城市迈向更高层次发展的关键助力。

七、更新操作系统

企业要伴大势而飞，在发展的各个节点，要不停地更新操作系统。那么，企业的操作系统是什么？如何更新？通过扩张链条柔性，进一步建立战略俯瞰力，并进行结构调整，更新操作系统。

1. 建立战略俯瞰力

更新操作系统，需要从本质上探寻需求、适应需求，从产业价值链、公司价值链和运营操作链这三链入手，找到利润区的真正源头，探寻"赢的道理"，把战略转化为实实在在的优势（见图8-9）。

成果三问：产业高利润区的来源，企业竞争优势的来源，哪些关键环节提供最大产出、机会

产业价值链	供应商的供应商	供应（供应商）	转变（制造商）	流通（经销商）	消费（用户）
公司价值链	研发	采购/供应	制造/工艺	营销/销售	分销/物流	售后/服务
运营操作链	产品	推广	展示	价格	销售

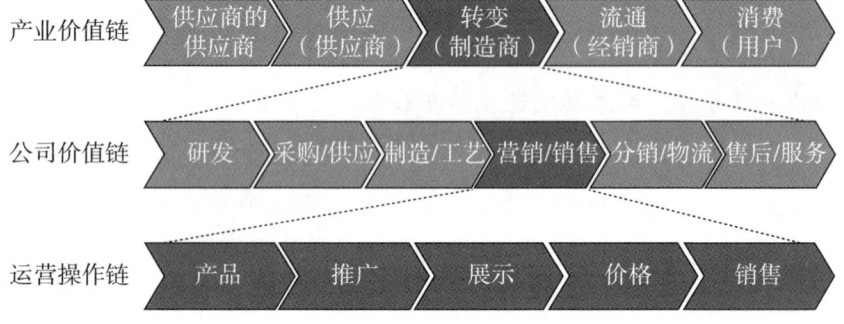

图8-9　建立三条链的战略俯瞰力

（1）基于产业价值链，找到产业高利润区

企业经营的关键是在产业价值链里占据核心利润区。产业价值

链各环节的利润区分布是不均衡的。识别企业所在产业的利润区分布，是每个志存高远的企业的必修课。企业要想生存，需要利润为正；企业要想发展，就要确保处于行业平均利润区之上。

利润不再由最大的市场份额决定，而是由最好的经营模式决定。企业通过更新操作系统，进化成为产业王者，以苹果公司为例说明。

苹果如何更新操作系统？

苹果公司通过实施差异化销售渠道，以需求为导向，务实的设计创新和非核心业务外包战略，成为极具价值的全球性企业。苹果公司创新的价值链在于本土化研发、全球化采购、合约化生产、简单化物流系统和复杂化海外分销网络。苹果公司将高附加值的活动，如研发设计、采购和分销活动等留在美国本土，而将低附加值的活动，如加工装配等放在其他国家。

从战略及模式方面讲，苹果将手机变成了智能终端，一手主导了一个时代——移动互联网时代的到来。

从产业经营干法上讲，苹果以卓越的洞察力和极致的执行力，更新了操作系统，乔布斯为苹果创造了一个"封闭的花园"，软件方面的iOS生态、硬件方面的芯片研发和制造能力都达到了极致。

硬件方面，苹果在几十年造电脑的历史里，多次切换芯片架构，引领硬件设计的颠覆性创新，带来一场计算机革命。

软件方面，基于iOS的手机系统生态，集成了应用体系、支付体系、消费场景，以及容易被忽视的广告体系，它们构成苹果的抽佣体系，也就是"苹果税"。软件方面创造的利润，几乎也占了苹果利润的半壁江山。

苹果软硬件平台通吃，促进了iOS开发者的应用数量激增，促进了MAC生态的繁荣。苹果公司用专业极致主义，不停地迭代企业技术层面的操作系统和经营层面的操作系统，使其股价不断上涨。

　　苹果是乔布斯天才级商业构想的成果，在我看来，多数公司即使做不成苹果，但不妨碍一步一个脚印，踩着经营的鼓点，走在发展壮大的路上。这需要不停地自我扬弃，自我超越。

（2）基于公司价值链，找到竞争优势的来源

　　在长板要足够长、短板不能短的竞争环境下，公司价值链内是否有短板？"冰山的最薄层"往往会成为企业败局的导火索。例如，餐饮行业是一个可以随着连锁化摊销高成本的行业，明星开餐厅一度成为一种流行现象。但明星"流量"是不是维系一家餐饮店生意兴隆的关键要素？我们从连锁餐饮企业价值链分析可见（见图8-10）：连锁餐饮企业价值链主要分为原材料、生产加工、流通、终端零售等环节，每个环节的价值链分配是一门学问，企业要调动每个环节的专业管理指向消费者的"复购率"。而明星因素只能吸引消费者尝鲜，多少失败的案例表明，消费者来吃一次不来吃第二次，这样的餐厅很难长久。

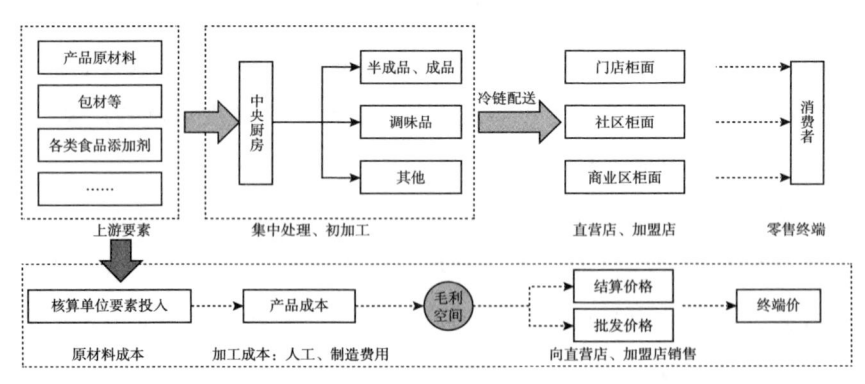

图8-10　连锁餐饮企业价值链分析

（3）基于运营操作链，找到提供最大产出、机会的关键环节

长板足够长，还包括运营操作链的关键环节带来的产出或机会要足够多。事实证明，围绕关键环节锻造企业的长板，会形成企业的显著差异化优势。如美国百思买区别于其他电器连锁的撒手锏，在于将收购的电脑维修和电子产品服务业务组建为一支"奇客特工队"，进而扩展出全球零售业最丰富的产品安装、延保以及个人应用服务解决方案。在美国店内的 Geek Squad（奇客）电脑特工，他们给顾客提供解决方案的时候不是问"你来买什么"，而是问"你要这个产品做什么"，然后根据顾客的用途需求提供建议，配置合理、适用的整套产品。若顾客购买了一款拍照手机，百思买就会提供一款微型家庭图片打印设备，展示即拍即取相片的体验，这会让顾客感觉只有把相关产品都置备齐了，才会有完美的体验。

2. 进行结构调整

从单一业务跨越成为多业务，从单个业务集群上升为多个业务集群，企业面对的并非线性增长以及管理方式的叠加，而是需要跨过拐点，再次进入上升通道，即螺旋式上升的通道。在此过程中，企业需要不停地调整自己的结构，以适配新的战略。

以复星集团历史成长路径为例。

1992年，郭广昌、梁信军等复旦哲学系的几个同学合伙创业，开了一个市场调查公司。在调查医药和房地产市场的时候看到机会，于是进入医药和房地产行业，从房地产销售代理商变为房地产开发商，掘得第一桶金，并完成资本和营商经验的原始积累。后来，企业转向以企业股权为投资对象，一步步走向并购重组和股权投资，慢慢培育出并购重组的专业团队，于是并购重组和股权投资成了公司的核心能力（见图8-11）。

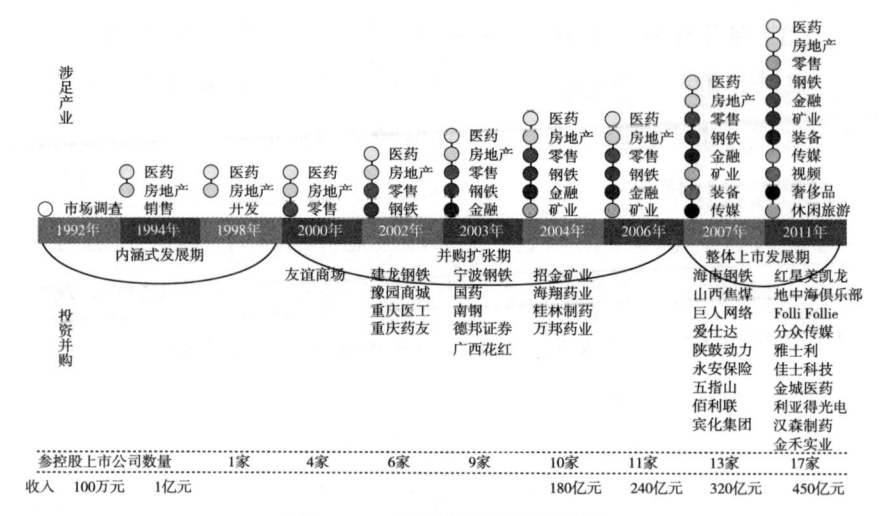

图 8-11 复星集团的发展路径

这样的企业集团，已远不能满足于在运营层面进行优化、更迭，更需要在产业层面更新操作系统，再造新的增长动力。

再看联想的案例。

联想成为全球PC霸主，其优势更多集中在To C和硬件基因上，在用户眼里，它就是传统的IT品牌。那么，联想要实现智能化战略转型，面对的是如何从单任务的操作系统转变为多任务的操作系统的问题。相应地，针对不同的业务，怎样以不同的组织、不同的流程、不同的考核激励来实现管理系统和运营系统的重构？以上就是联想实现"高品质的联想、创新的联想、国际化的联想和年轻化面向未来的联想"战略面临的重大挑战。联想用一个"九宫格"模型，构建了这样一个"操作系统"：根据业务的战略重要性和业务的发展阶段，分别将业务装入9个格子里（见图8-12），研究针对不同的业务如何进行分门别类的管理，以统筹资源配置和智能化转型的战略目标。由此提出三波战略重塑联想：

第一波战略，吃着碗里的（个人电脑），保持核心PC业务全球领先地位和盈利能力。

第二波战略，看着锅里的（移动设备和数据中心），期望尽快成为新的增长引擎和利润引擎。

第三波战略，种着田里的（"设备＋云＋人工智能"），从设备战略转移到基于人工智能的"设备＋云"战略。

可以说，死守智能设备业务，转型智能服务市场，联想战略的纯增长特征明显。一边更新操作系统，一边要求纯粹增长，"既要，也要"，这是联想的战略。

业务的发展阶段	次重要	重要	核心
盈利贡献期	个人电脑		
盈利增长期		移动设备和数据中心	
投入期			"设备+云+人工智能"

业务的战略重要性

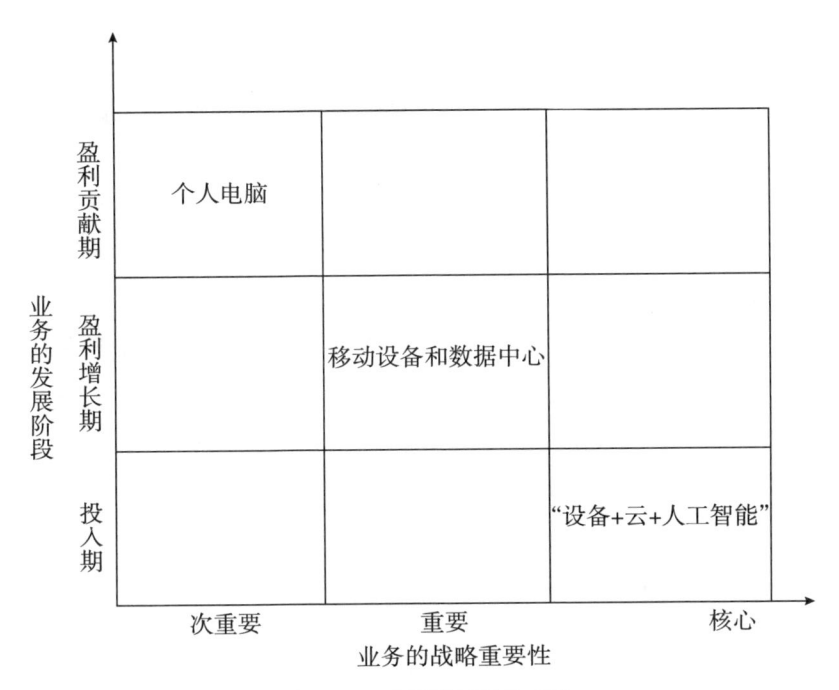

图8-12　联想更新操作系统

同样是企业更新操作系统，有一家企业可以和联想形成有趣的对比。它就是GE。

面对横跨多个产业领域的业务矩阵，GE怎么合理规划集团的不同业务，做出重点发展、选择性发展抑或选择退出的正确决策？GE有一个较为成熟的工具，叫GE矩阵：以市场吸引力和市场竞争实力两个因素，搭配高、中、低三个层次，构成一个九宫格矩阵（见图8-13）。

企业可以通过对不同业务的细致分析，针对性构建战略发展计划，并合理分配企业战略资源。这就是GE的操作系统，它的战略抉择令人肃然起敬。GE虽然以照明业务起家，但当最先进的生产力发展方向不在该赛道时，就果断切换方向，从照明业务退出，投入飞机发动机和高端医疗设备制造的新赛道。

市场吸引力	低	中	高
高	项目专业化，采取并购措施	细分市场大力投入，追求市场主导地位	尽量扩大投资，追求市场主导地位
中	专业化，谋求小块市场的市场份额	细分市场，专业化	细分市场，大力投入，追求主导地位
低	退出	减少投资，准备退出	维持地位，必要时减少投资，准备退出

市场竞争实力

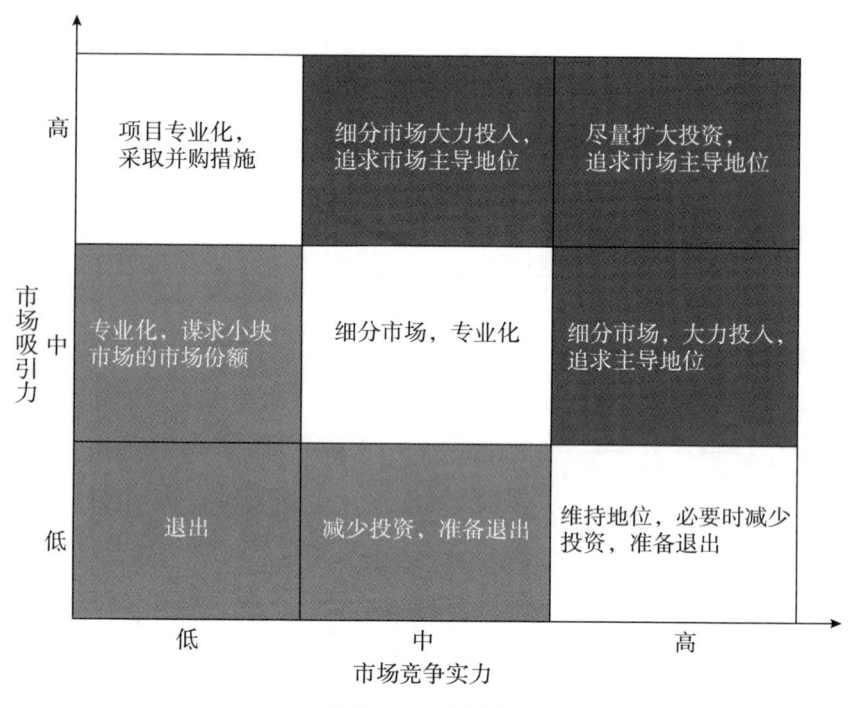

图8-13　GE矩阵

这就是集中优势兵力的战略取舍。而IBM同样，从PC业务退出后主攻数据库、人工智能等领域，始终保持着科技领先的品牌形象和战略导向。再来看看迪士尼的案例。

迪士尼通过线下的MyMagic+，将线下的用户消费数据与线上数据互通，并由此串联起了不同业务板块的数据。迪士尼以完备的用户行为数据作为分析参考依据，消费者个人行为数据的"颗粒度"越细、评估的维度越多，那么企业对于用户的理解就会越精准。这意味着：当一个用户注册了迪士尼的会员，这套"神经网络"就启动了。当用户带孩子光临迪士尼乐园，网络上的会员ID同步展开了一次以用户为中心、以数据为驱动的旅程，用户看了什么电影，买了什么衍生品等，数字后台都会将一个个"颗粒度"数据收集起来，迪士尼就是以此为依据，为用户开发和提供更好的服务。当与用户看过的电影IP相关的文具产品或音乐CD上市后，迪士尼就会通过邮件、移动平台，将宣传信息精准地推送到用户手上，投其所好。

企业需要通过数据的联通，打造真正具有协同效应的"神经网络"。这也昭示了企业更新操作系统的方向，也就是产业链式经营的下一步——再造商业生态。

八、再造商业生态

一幅商业生态的图景，是企业突破圈层之后更多元的内容、多圈层的用户、多样化的需求在平台上各自繁荣，带来更大的商业杂交和变现机会。

随着企业战略的升级、业务的更迭，原有合作方会逐步淡出，甚至成为竞争对手。就像前述联想的智能化转型。从智能设备市场延伸至智能服务市场，意味着原有的To C和硬件基因，要逐步扩大至To B和软件业务，这意味着对于对云、物联网、AI有需求的TO B企业用户要有很强的赋能能力。这一战略转型，对原有的客户群体意味着什么？破圈，意味着联想的竞争对手增多，以往电脑、手机的应用商店合作方、云合作方等，陡然间转变了角色，变成竞争对手。这对企业是极大的挑战。

所以，为了实现多方进取，企业必须升级组织协作方式，再造商业生态。

企业再造商业生态，首先要自身拥有独特而强大的内部生态创建能力；其次要打造盟友圈，成为链主，实现多元主体协同耦合的运作模式（见图8-14）。

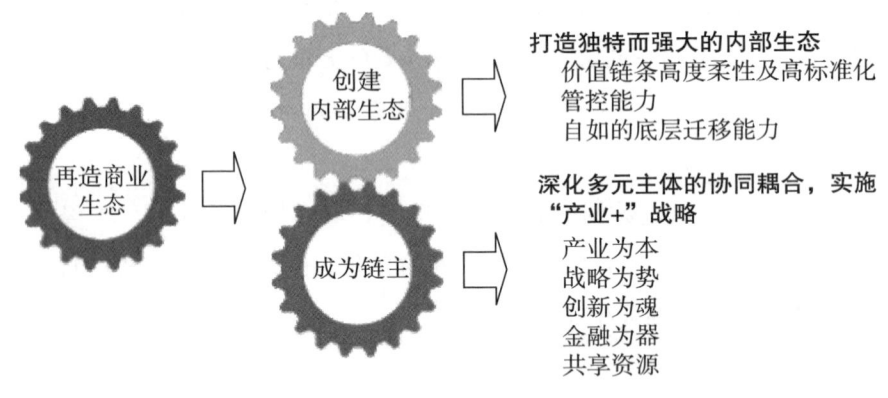

图8-14 再造商业生态

1. 打造独特而强大的内部生态

企业再造商业生态，首先要自身拥有独特而强大的内部生态创建能力。这需要具有对公司价值链条的高度柔性及高标准化管控能力，由此构建起自如的底层迁移能力。例如，比亚迪在新冠疫情防控期间迅速建设起全球最大的口罩厂，立讯精密并购相关科技企业、构建苹果供应链核心企业能力等案例，核心均来源于具有底层迁移能力。

比亚迪案例

在新冠疫情防控期间，比亚迪从一家电池和新能源生产厂家，一跃变成全球最大的口罩量产工厂。比亚迪何以形成这样的能力？企业从电池到新能源汽车再到手机代工，然后又进入口罩生产领域，比亚迪是在盲目追热点吗？

先探究一下企业的能力。一是研发制造能力。当时，多数企业制造一台口罩机需要15~30天，而在比亚迪，经过测算，一条口罩机生产线需1300个零部件，90%可以由比亚迪自制，3天画出400多张设备图纸，7天完成口罩机研发制造，跑出"比亚迪速度"。二是产能迁移能力，比亚迪的高端手机生产线仅需提升净化等级，就可转化成为口罩生产线。

再探究一下口罩本身。疫情暴发后，口罩成为战略储备品和必备品。比亚迪的25万工人中转产2万人，工人每天两班倒，机器24小时不停，每天500万只口罩的产能相当于全国产能的1/4，除保障自用外，还可以供应全国各地并出口。

由上可见，比亚迪打造了独特而强大的内部生态，其战略落地的本质看似非相关多元化，实质反映了比亚迪从中国制造到中国创造的战略迁移核心竞争力。

2. 成为链主

每个企业都需要切实考虑商业生态的动态变化，升级自身的价值网络。什么是价值网络？就是企业与环境的动态交互，打造多元主体协同耦合的运作模式。

升级价值网络，深化多元主体的协同耦合，从产业层面实施

"产业+"战略，实现对产业内经营战略型企业的降维打击，获得产业发展所需稀缺资源，在横向上顺应大势，做产品和服务的同心多元化，在纵向上深化对产业链上下游的深度整合，从而让产业经营覆盖战略控制点，实现再造商业生态。

胜招不如夺势，夺势不如谋局，高水准的产业链式经营，往往是推动主业边界、业务市场、发展方式的全面发展，实现各个要素的协同耦合和共创，实现再造商业生态。

一是产业为本。升级企业的产业思维意识，更新企业认知中的产业的内涵和外延，以此为基，凝练并落实企业单点发力还是多点发力的锚定点和发力点问题。

二是战略为势。企业需要更为深刻且长远的战略和最具适应力的规划。这挑战企业的战略俯瞰力。在这一规划中，需要将差异极大的、局部冲突的、有可能从未闻知的商业置于一个整体架构下，进行超级链接。

三是创新为魂。围绕产业升维，找到并创造单个企业无法实现的多维竞争力，找到产业壁垒的关键点、创新点，聚力进行创新。

四是金融为器。不仅衡量利润，而且衡量市值；不仅深耕产业，而且产融互生。通过"价值描述—价值评估—价值创造—价值实现"去塑造企业的协作商业体的价值。

五是共享资源。在协作商业体中，共享其制造业或服务业的资源，共享核心的研究成果、关键能力、企业秘密，甚至核心经理人。

小米案例

小米创业仅9年时间就打造了一个世界500强企业，是企业发展史上的一个奇迹。小米的战略发展，不仅创造了用互联网模式开发手机操作系统、发烧友参与开发改进的模式，更高水准地贯彻了"产业为本、战略为势、创新为魂、金融为器、共享资源"理念。

例如在产融互动方面，类似思科和红杉资本以产融互动为核心的经典战略联盟模式，小米通过股权投资的方式，不但获得了丰厚的投资回报，也让整个小米生态的外延不断扩张，以小米为中心形成了一个庞大的互联网帝国，形成产业与资本完美融合的商业实践（见图8-15）。

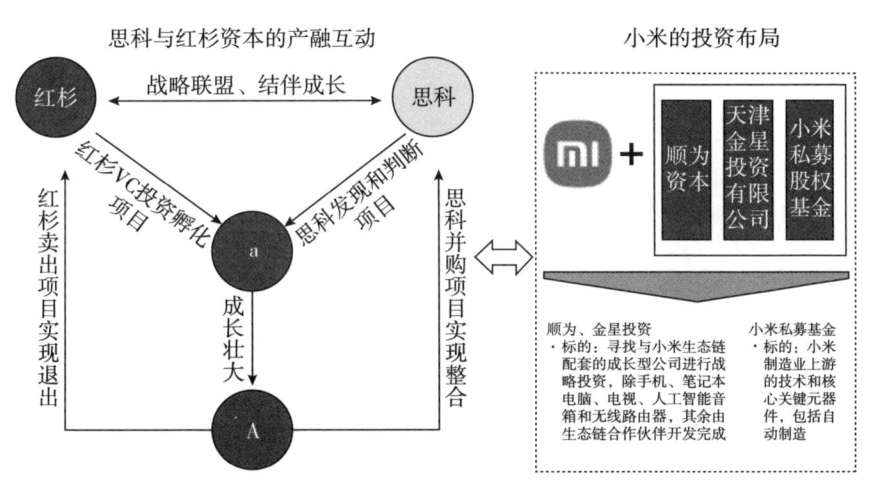

图8-15 小米通过股权投资实施生态布局

小米不仅"投资＋孵化"生态链企业，给予企业多方资源支持，共同培育新产品、拓展新用户，构建"竹子＋竹笋"的竹林生态，而且以生态链企业培育模式布局，2019年正式启动了"手机+AIoT（AI+IoT）"双引擎战略，小米手机的低毛利导致的极致性价比以及小米社区保障了小米产品拥有高用户黏性，围绕智能手机拓展核心产品，把握娱乐、家庭、网络、办公四大场景流量入口，通过内部战略及架构调整，打造"硬件—内容—互联网"的生态链闭环，不断强化物联网的战略地位。

PART NINE 9

企业家精神复制

企业家是企业破圈战略的原动力，企业家精神复制是战略成功的关键。企业需要形成一套以企业家精神为核心，实现企业家精神复制的"灵魂"打法：一个归核，三线传导。

"一个归核"，即部门亚文化归核至企业主流文化；"三线传导"，即从领导者技能到守住内核，从多维领导机制到培养多维型人才，从创造者时间表到管理者时间表。

一、分形现象：来自自然界的智慧

自然界有很多奥秘，例如分形现象。

我们食用的菜花，每一个花瓣结构，都酷似一个完整的菜花。还有很多自然界的事物，都呈现出局部形状和整体形状的自相似性。

这个世界需要我们重新审视。似乎造物主重复一个简单的过程就能创造出世间万物，既简单又复杂。

1973年，数学家曼德布罗特注意到自然界这种局部形状和整体形状相似的几何形体现象，把它称为"分形"。他在《大自然的分形几何学》中说，无边的奇迹源于简单规则的无限重复。[①]

分形还是黄金分割率的完美体现。公元12世纪，数学家莱昂纳多·斐波那契从兔子繁殖中发现了斐波那契数列：1，1，2，3，5，8，13，21，34，55，89，144，…n，数列中从第3项开始，每一项都等于前两项之和。当 n 趋近无穷大时，前一项与后一项的比值越来越逼近黄金分割数0.6180339887…。我们熟悉的向日葵花盘、树木分支、松果种子、菠萝表皮的"鳞片"等，都完美地契合了这一特性；金字塔、美神维纳斯雕塑等举世名作，也都是黄金分割数的完美展示。

如果说分形突破了我们对自然界的传统认知的话，斐波那契数列又进一步延展了我们对自然界的智慧与美的思考。二者关联无处

[①] 曼德布罗特. 大自然的分形几何学 [M]. 陈守吉，凌复华，译. 上海：上海远东出版社，1998.

不在。比如树叶为了在生长的过程中一直都能最有效地利用空间获取阳光，从植物茎顶端往下看，上下层相邻的两片叶子的角度恰恰和周角 360° 之比是黄金分割数的倒数，这个角度也称为"黄金角度"。这种自相似分形被发现是生物进化过程中解决规模、韧性、效率之间优化问题的一种自然选择机制。

诺贝尔经济学奖获得者科斯以"交易成本理论"闻名于世。他指出，组织是配置资源的一种方式，其存在的目的，是为了降低交易成本从而实现有利可图。当市场交易成本小于企业组织内部成本时，资源配置就倾向于通过市场来进行。这回答了组织为什么存在的问题，即降低交易成本，以突破企业成长的规模瓶颈。

你看，大自然先打好了样板，人类的智慧先知把自然规律总结出来，以启迪人类。本章也受此启发，从企业家精神复制的角度探讨企业如何发展成为愿景引领型组织。

二、成功关键：企业家精神需要复制

用文化内聚的平台是企业不易失去的优势。而企业家精神的复制，更是企业打破求新求变阻碍的保障。

1. 何谓企业家精神

什么是企业家？

不是成立一家企业的人就是企业家，也不是被称为老板的就是企业家。按照这一概念提出者——爱尔兰经济学家理查德·坎蒂隆的定义，"企业家使经济资源的效率由低转高"[1]，他显然抓住了分形

---

[1] 理查德·坎蒂隆. 商业性质概论 [M]. 余永定，徐寿冠，译. 北京：商务印书馆，1986.

现象的根本。

什么是企业家精神？

企业家精神是企业家的特征，是一种精神和技巧、综合技能的集合，因此属于无形生产要素。在英文语境中，企业家（entrepreneur）和企业家精神（entrepreneurship）也是经常互换的。例如，华特·迪士尼最伟大的创造不是米老鼠、唐老鸭，也不是迪士尼乐园，而是迪士尼公司使观众快乐的能力；山姆·沃尔顿最伟大的创造不是"天天平价"，而是沃尔玛公司这个能够把零售要领变成行动的组织。

在和君的ECIRM战略模型（一个以企业家精神和企业家能力为核心的公司战略模型）中，核心的E，就是指企业家。因此，企业家是企业的底线，也是企业的上限。企业家的抱负与追求决定了一家企业的高度，企业家的境界决定这家企业成长的边界。

按照肖知兴的话，企业家像钻石，是在非常特殊的地理和地质条件下才能生成的一种物质，因此，企业家在任何国家都是宝贵的资源。

2. 企业家精神需要复制

企业家是企业破圈战略的原动力，企业家精神复制是战略成功的关键。在行业换挡、企业转型、增长变速期，仅靠企业家精神，已经无法真正掌握企业的前途命运。企业家精神要想复制，首先需要在对时代认知、精神信仰、价值创造上，形成一致的理念和上下同欲，其次将其落实到业务和经营层面。

从自然界的分形现象、斐波那契数列可见，一家企业要想持续突破瓶颈，就要适应天道，不仅要达到从企业家到核心员工层"自相似分形"的境界，也要在此基础上保持灵活性。企业需要结合"自相似分形"自组一套系统，形成一套以企业家精神为核心，实现企业家精神复制的"灵魂"打法。

企业家精神复制的要义如图9-1所示。

（1）企业的"自相似分形"——精神层面的统一性

企业家精神需要同构，企业需要构建"自相似分形"结构。从很多表象上的"自相似分形"结构，可以一窥企业精神气质和价值导向。例如，一个企业家喜欢穿中山装，认为中山装体现了中国文化，很快，下属尤其管理层会仿效他穿中山装，形成一种耳濡目染下的"企业文化自觉"。

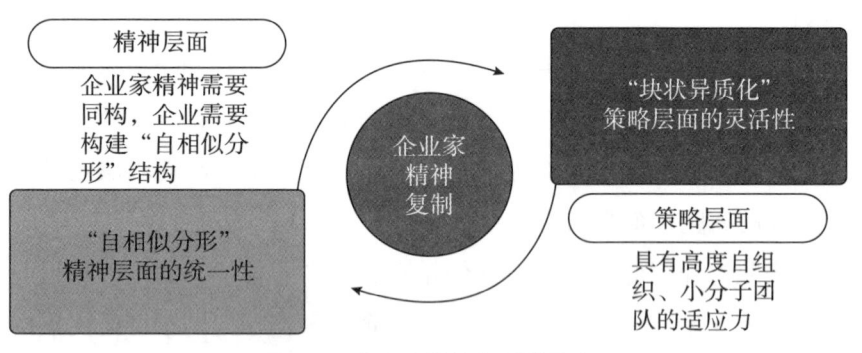

图9-1 企业家精神复制的要义

破圈战略是倡导企人合一的战略。每家企业都必须培养一批具有企业家精神、思维和行动力的人，他们既是战略家，也是实干派，这有助于消除从规划到落地的鸿沟，有助于变革时期的组织领导力的形成，也有助于提升组织的整体执行力。

（2）企业的"块状异质化"——策略层面的灵活性

一家企业要想形成鲜明的企业家精神特征，并不是以外在表现为标志，而应该要打破内部均衡，以异质的企业家人力资本和企业家智力资产的持续创新、产生竞争优势创造显著成果为标志。

企业需要在"自相似分形"下形成"块状异质化"。这需要企业具有高度自组织、小分子团队的适应力，从而有效地鼓励创新，促使每个员工的创意不被流程和庞大的架构所扼杀，即"块状异质化"。

真正的"块状异质化"成效，就如斐波那契数列一样，当 n 趋近无穷大时，前一项与后一项的比值会越来越逼近黄金分割数值，形成黄金结构。企业 n 个异质团队的破圈奋进，必然使员工在突破个体舒适区的同时互相促进、互相激发，从而实现企业整体在效率性、扩张性、规模性上的提升。

3. 建立企业家精神复制的态势感知系统

每位企业家和企业相关负责人，都要非常敏感、明确地认知到企业家精神复制对企业的重要意义和价值。多数企业注重提目标、提要求、降本增效、产品改进等，这是有形的，也是肉眼可感知的，却往往忽略了人心的离散、完成目标的意愿性以及精神的一致性。而后者才是决定事情进展、成效的关键所在。

作为营利性组织，企业必须明确建立起企业家精神复制的态势感知系统。因为企业经营就像打仗，"斗争"是生存与发展的主轴。感知企业家精神复制态势的实质就是两点：不是熵增，就是熵减；多头逼空，完成溢出。

（1）不是熵增，就是熵减

为什么提这样的物理学的名词？因为受华为启发，华为甚至还提炼了一个企业活力模型，以"熵增""熵减"对两类行为予以区分。在我看来，这恰是对企业家精神复制的绝佳佐证。

何为熵？熵是一种无序指数，随时间推移而增加。熵增原理，即热力学第二定律，指的是一个物理系统，若没有人工干预，总是朝着越来越混乱的趋势发展。就像人体会自然衰老，若放任组织自然发展，仅跟随群体本能或惯性，组织就会忘记使命，行动就会脱离心灵，内部结构与管理就会逐渐陷入混乱，最终走向衰败，这就是熵增。

任正非对熵增的严重性后果一语中的："熵和生命活力，就像两支时间之矢，一头儿拖拽着我们进入无穷的黑暗，一头儿拉扯着我们走向永恒的光明。"[1]所以，只要华为存在一大，就必须对抗熵增一天。

不是熵增，就是熵减，没有中间状态。如何判断一家企业的熵增程度？一是看企业行为和核心价值观是否产生了背离；二是看组织内部是否充斥着各种形式和过场。

（2）多头逼空，完成溢出

何为多？何为空？此处借用了资本市场的多头、空头的说法。

第一，企业家精神需要引导，需要塑造。

一些企业家认为，企业家精神是自然而然就能生成的，无须引导和塑造。是这样的吗？

企业家精神不是原生的，它需要引导，需要塑造。在当今世界，物质愈加丰富、人类交流逐渐减少、内心面临异化的矛盾情形下，更需要抵制各种物对人的异化以及诱惑导致的短视化问题。比如小米的企业家精神，一是在"为发烧而生"的企业理念下，塑造雷军身上"海盗般的冒险叛逆"；二是在"感动人心价格厚道"的产品理念下，塑造雷军"农夫般的务实本分"。这就是小米的"多"。

第二，企业形成多头压倒空头的态势。

企业不可能依靠人的自觉，自动自发地形成良好的风气和环境，必须有意识地在群体组织中尽可能地影响更多个体，形成多头压倒空头的态势。

起决定性作用的首先是领导者或者企业家，他们负责企业价值

---

[1] 华为大学.熵减：华为活力之源[M].北京：中信出版社，2019.

的分配,是企业价值创造的根源。

其次是企业自身的导向性或规则。例如华为,华为对抗熵增,建立多头压倒空头态势的策略有如下几点:一是能量耗散,将利润投入研发中,耗散多余的能量,主动积累新的势能。二是能量交换,把企业置身到一个变化的大环境中,建立开放的构架,然后与外部持续进行能量交换,源源不断地注入活力。三是能量集聚,以奋斗者为本,长期艰苦奋斗。四是组织进化,炸开人才金字塔塔尖,获取全球顶尖人才。

最后才是员工素质问题、职业化改造问题及制度问题。而很多企业却把这些视为首要问题,显然未找到根源。

三、企业家精神复制的实施方法

企业家精神的复制,让一家公司涌现出一批带有企业家特质、精神相通的人,他们会影响更多的人,与企业家形成从精神谱系、工作推进到变革成长的"同心圆"。一家企业从形成企业家精神到成为愿景引领型组织,中间漫长的距离就是企业家精神复制的迢迢长路。纵观历史上任何的破圈一跃,业务转型固然关键,但在人的层面实现自上而下的改变才是核心。

企业家精神如何复制?"一个归核,三线传导"(见图9-2)。

1. "一个归核"——文化归核,重塑企业主流文化

企业的破圈变革之路,必伴随着文化重塑。文化重塑的核心要义是企业文化在归核的同时实现升级。文化重塑的规律之一是部门亚文化消失,融入企业主流文化,是一个先"集中"再"发散"的过程。

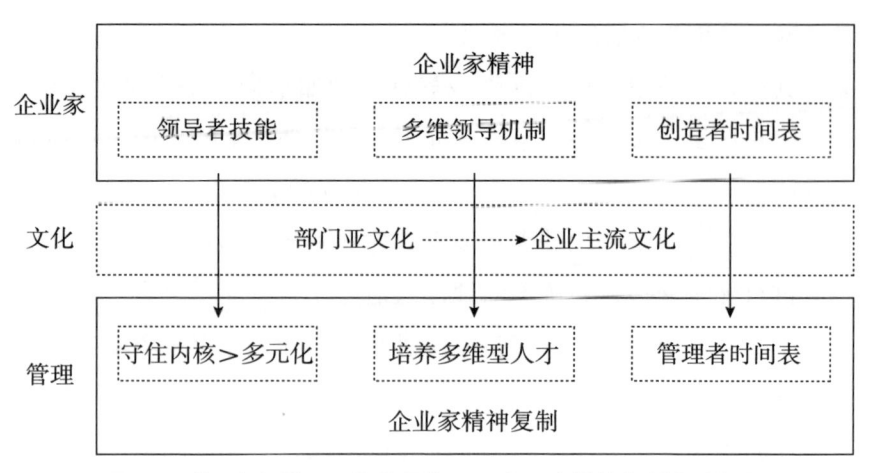

```
                    企业家精神
         ┌─────────────┬─────────────┬─────────────┐
企业家    │  领导者技能  │ 多维领导机制 │ 创造者时间表 │
         └──────┬──────┴──────┬──────┴──────┬──────┘
                │             │             │
                ▼             ▼             ▼
文化     ┌─────────── 部门亚文化 ──→ 企业主流文化 ──────┐
         └─────────────────────────────────────────────┘
                │             │             │
                ▼             ▼             ▼
         ┌─────────────┬─────────────┬─────────────┐
管理     │守住内核>多元化│培养多维型人才│ 管理者时间表 │
         └─────────────┴─────────────┴─────────────┘
                      企业家精神复制
```

图9-2 "一个归核，三线传导"——企业家精神复制方法框架

微软案例

微软曾经错过移动互联的最佳发展期，又面临着云和人工智能时代的挑战。那么，微软如何在苹果、Google、亚马逊等强敌环伺下，实现大象转身、重新崛起？

微软面对的是Hero文化的挑战。微软历史上形成的强调个性和个性探索的Hero文化，根植于硅谷强调个性化创新的深厚土壤。从团队角度看，三人小单元小战队，谁最能创新，谁在微软就被视为美国式的超级英雄；从业务角度看，微软转型要大力扶持Bing（互联网服务）和Windows Phone（硬件）业务，但Office和Windows作为主力盈利SBU（战略业务单元），很难容忍Bing和Windows Phone等新业务抢夺其资源，侵吞其未来的财务表现。

微软提出了"一个微软"的口号，并确定"移动为先，云为先"的战略。那么，如何才能实现文化归核？

一是最高领导层"日三省吾身"，在"一个微软"口号下，最高领导层要以身作则并身体力行，按照微软未来发展指南的要求，每天问问自己：拥有这个舞台，我做了什么？

二是实施内部管理价值体系重塑，开始强调团队精神，对内部管理价值体系实施重塑，从考核个人成就转向考核团队合作。首先，持续了几十年的团队内部考核制度被取缔；其次，从考核个人成绩一个维度，变成考核"你对别人工作的贡献率"三个维度：自己做了什么？帮助别人做了什么？和别人一起做了什么？

三是衡量业务是否成功的方式发生了转变。为了确保微软专注于正确的事务，衡量业务是否成功的方式由软件在PC和服务器的装机量变成了云计算能力的消费情况[①]。

美的案例

美的集团的改革从求量不求质到"改掉一万个细节"，从管理层级、人员结构等细节一项项抓起。比如取消了高管电梯，规定公司副总裁以下不得配备秘书，将集团原来300多间高管独立办公室削减至不足30间……

企业家精神的复制，改变的是企业文化，锻造了企业精神和作风。

2. "三线传导"之从领导者技能到守住内核

（1）领导者技能

领导者从来不是因为权力而获得组织权威。领导者技能是一种

[①] 部分参考纳德拉：《刷新——重新发现商业与未来》，中信出版社2018年出版。

行为模式，它包括自我认知技能、人际技能和谈判技能，形成"领导者技能三角"（见图9-3）。

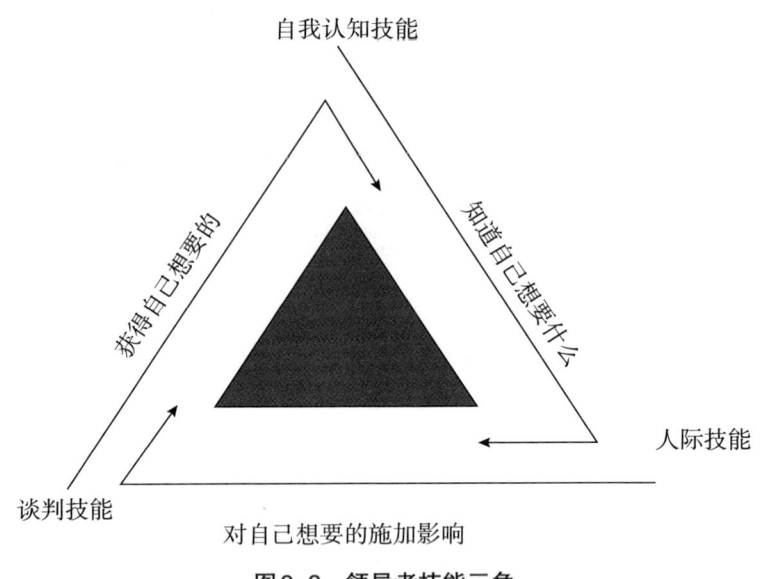

图 9-3 领导者技能三角

一是自我认知技能。对自我认知进行开发，知道自己想要什么。从"态度决定命运，气度决定格局，底蕴的厚度决定事业的高度"三方面进行修炼，奠定人生及事业的底蕴；打造"产业价值链—公司价值链—运营操作链"，建立战略俯瞰力。

二是人际技能。领导者的工作是影响人的工作，领导者的基本技能体现为"对自己想要的施加影响"的人际技能。

三是谈判技能。冲突是企业的内部常态，采取举措化解冲突，获得自己想要的，才是正确的打开方式。

（2）守住内核

领导者技能需要向下复制，落实到经营层面，这需要守住内核，形成企业内领导者技能的链式反馈。我认为守住内核重于多元化。很多企业遇到增长瓶颈，举措常常是多元化扩展。体现在地域上，就是从一个区域扩展到更多区域；产品上，就是进入新的产品领域；赛道上，就是总认为其他赛道更有诱惑力……约70%的企业常常表现为随波逐流，在产业周期转换时缺乏抵抗力。事实上，任何企业发展到一定程度，都有自身"赢的道理"，我称为企业的"内核"。

守住内核，意味着找到企业经营中的不变因素甚至信仰，并置于不同的时空条件下衡量它的适用条件和边界，包括企业的价值观、战略、经营原则和逻辑、企业个性。

3. "三线传导"之从多维领导机制到培养多维型人才

（1）建立多维领导机制

从领导者必备技能出发，建立多维领导机制，核心在于能够制定上下一致的宏景蓝图并激发一致的行动力。这需要突破领导者的心理弱点，做到以下四点。

第一，不做好好先生。领导者不能是好好先生。领导者必须躬身入局，坐正自己的位置然后开始下注，不一定要富有才华，但要有决断力。

第二，无论组织管理学如何评判，对于领导者来说，凡事当先造就人才，促使人岗匹配才是核心。人性避免冲突，领导却要直面冲突。如果一个领导不能采取行动阻止内耗，虽然避免了冲突，但公司却会受到伤害。领导者才是真正的人力资源组织者：一要经常观察人，观察哪些人适合从事哪些事；二要考察人的行为模式、思维方式，了解其对胜利的渴望如何，是否有着强大的内驱力，是否愿意为之做出改变等。

第三，领导者不仅要能赋予一线调动资源的能力和决策能力，还要能够总揽全局，不仅要能打，还要能"导"，能针对性地指导个人、小团队达成目标。

第四，领导者要能容错。在一个训练有素的组织中，容易犯错的往往是三类人：最具创造力的人、责任感最强的人、精力最旺盛的人。在给出真实反馈的同时，包容个性、鼓励创新和学习，是领导者应有的技能。

（2）培养多维型人才

何为多维型人才？

多维型人才是在企业中能够率先领悟新的宏景蓝图的人，是相对热忱、敏感，行动果决及学习欲望较强的人。这类人，在组织中常常不循规蹈矩，对他们的重用，反映了企业的精神氛围及价值导向。

如何培养多维型人才？

我们倡导企业要拥有一支"特战队"，这是散落在组织中的一群人，是能够承重、扛事并鼓舞士气的人才力量。

首先，企业要发现潜在人才。可以通过各种方式，如征集各类主题案例、设置自评价问卷、观察人在执行任务时的心智和处理困难时的反应等。

其次，不要迷信学历、头衔等光环，要不拘一格发现人才。名校履历、比赛证书、技能培训经历等，代表员工在某一方面具有的经验、技能和知识，是人力资源部通常重视的内容。但对于领导者培养多维型人才而言，这些只能代表过往，代表一种可能性。

再次，在实战情景而非模拟场景中建立学习账户。实战情景，指的是具体的市场洞察、一线实职、生产现场等。模拟场景，指的是教室或脱产学习等。建立学习账户，就是细分各类评价维度及分值，对员工进行相对量化的评价。

最后，任何摔打、磨砺的过程都是一个发现的过程。如果把重心放在业务上，放在事上，当某类业务要收缩时，可能会发生整体性裁员。如果将重心放在人的培养上，越是危急关头，越会发现多维人才，他们中就有企业的未来。

4. "三线传导"之从创造者时间表到管理者时间表

这一概念是硅谷知名创业孵化器YC创始人保罗·格雷厄姆观察大量科技创业团队并总结自身体验得出的。这一概念对我国教育界及职场人士都会很有启发。直至今天，我们的教育理念更多强调的是统一服从、按部就班，提出挑战、创造性并不被普遍鼓励。"听话的孩子就是好孩子"，仍然是多数成年人的心智。进入职场，上级也偏爱那些老实干活、少挑刺的员工。我们惯于在规则下做事，很少考虑"规则"自身的设置是否合理。

保罗·格雷厄姆提出应该将时间计划分成两类，一类是创造者时间表，另一类是管理者时间表。

（1）创造者时间表

创造者时间表是程序员、工程师这类人的时间表，他们需要整段的工作时间，喜欢以天为时间单位工作。

很多人在工作的时候觉得很累，缺乏成就感，是因为他们的时间被分成了以小时为间隔的片段，他们的注意力不断地从一个任务切换到另一个任务。这种时间表对于管理企业的人来说很好，但对创造者来说却很糟糕。想要产生创意，需要有整块的时间专注于工作。这种整块的时间，就是"创造者的时间"。

创造者时间表的核心在于要有足够的时间专注于工作，确保能够产出如预期的成果。而恰恰在移动互联时代，人们正面临信息爆炸的困境。信息技术的发展在赋予了我们极大便利的同时，也不可避免地在争夺我们的时间。尤其对于需要创造性工作的人——领导者来说，要扪心自问：

- 你的理想和现实之间，有着怎样的差距？这一差距是怎么造成的？
- 存在哪些关键的动作和时间节点，让你未能实现目标？
- 你是否时常有多个任务处理而脱不开身？
- 你是否感觉时间被严重碎片化了？你一天看手机的时间是否在5小时以上？
- 你所获得知识的输入来源有哪些？社交媒体、报刊、与其他人沟通、书籍、思考等？分别占比是多少？
- 你是否有大部分时间在上网或频频关注手机？
- 你是否以为自己知道、理解某件事，而事实上并不知道或不理解？
- 你自感需要获得什么回报，才能对得起自己付出的辛苦和努力？

……

你需要反省，考虑少看社交媒体、运用任务管理手段、冥想等保护创造能力的手段。

（2）从创造者时间表到管理者时间表

什么是管理者时间表？管理者时间表解决的是效率问题、执行问题。

以京东集团为例。京东有一个"24小时机制"，以解决公司规模越来越大后的效率问题——当下级对上一级有任何请示汇报的时候，上一级在24小时内必须给予回复，必须回复Yes或No，不允许含含糊糊。如果管理者24小时内不回复，年终考核的时候，下级就可以给他打低分。

从创造者时间表到管理者时间表，需要进行角色的切换。

首先要取舍。一个人常常既是创造者也是管理者,选择了管理者时间表意味着要放弃大块的时间、把工作带回家里、无休止地开会等;选择了创造者时间表意味着要控制伸向手机的手、大脑中的欲望等。

其次要有同理心。对办公室小伙伴、相关同事的工作作出合理的安排。在日报、月周计划上要有恰当的阶段性体现。

最后是扎根。默默地向下扎根,耐得住寂寞,才能收获质的变化。

PART TEN 10

迈向愿景引领型组织

我们还需要正视企业家精神的生命周期，以组织理性对抗直觉，迈向愿景引领型组织。一家企业以企业家精神为原点，以能力为半径，以组织为延长线，以时间为轴，螺旋式上升发展实现企业愿景，以愿景为顶点，就形成了一个企业愿景引领型组织框架。

一、企业家精神的生命周期

欧美很多人说"三个苹果改变了世界":一个是亚当和夏娃在伊甸园里偷吃的苹果,一个是从树上掉下来砸到牛顿脑袋的苹果,还有一个是乔布斯的苹果。乔布斯说,那些疯狂到以为自己能够改变世界的人,才能真正改变世界。全球市值第一、富可敌国的苹果公司是如何做到改变世界的?

1. 愿景引领型组织之争

《史蒂夫·乔布斯传》中有一段对苹果与索尼的对比,总结了索尼被苹果赶超的原因。

一是索尼"组织肥大化",苹果组织精一化。

索尼产品组合杂、种类多,子品牌众多,产品割据明显,使得用户关注子品牌,而非索尼本身。而且子品牌有自己严格的绩效考核,均有自己的"损益底线"。但苹果所有产品都使用通用的设计语言,消费者购买的始终是苹果产品。

二是索尼部门内斗,苹果却如花园。

索尼更加糟糕的是产品开发中的内耗。索尼的产品分开看是世界一流的,屏幕、电池、相机系统……但无法统合在一起构成手机的强大竞争力。因为内耗,出现了诸如影像部门担心手机部门影响其业绩,不肯向手机部门提供拍照技术的问题。而苹果以"the whole widget"理念,创造了一个"封闭式的花园",将硬件、软件和内容整合成一个完整的苹果系统,并主动要求自进化。

在乔布斯看来,索尼本来最有可能完成苹果的壮举。其电子部门可以制造一流的设备：计算机、手机和音乐播放器，娱乐部门（电影、音乐公司）也拥有独家的娱乐内容。但现实却是缺乏根基的苹果公司成了产业王者。

历史充满遗憾却又滚滚向前。索尼曾是企业家精神的代名词。在1947年贝尔实验室发明晶体管时，索尼的盛田昭夫读到这一报道，立刻专程飞到美国，以一个咂舌的高价——2.5万美元，买下了晶体管的生产经营许可权。那时的索尼公司还仅仅是日本的一家小制造商。但也是从此时起，索尼一发不可收拾，2年后推出了全球第一台替代真空管收音机的便携式晶体管收音机，3年后占据了美国的低端收音机市场，5年后占领了全球收音机市场。德鲁克将索尼的成功称为"企业家柔道"战略，记载在《创新与企业家精神》一书中。盛田昭夫被誉为日本的"经营之圣"。另一位创始人井深大对索尼产品的要求是独立研究开发出前所未有、触动消费者心弦的产品，并将此写进了索尼公司的《成立意旨书》。显然，索尼的内生活力和创新动力的来源——企业家精神在一段时间内出现了问题，企业也因此难以成为愿景引领型组织。

2. 企业家精神的生命周期

企业一代兴、二代衰、三代而竭的情况不胜枚举。由此进一步思考，不仅是企业有生命周期，我们还需要正视企业家精神的生命周期。企业家精神的生命周期伴随着企业的生命周期，盛衰与共。

企业初创期，企业家精神表现为个人的胆气、勇猛无畏以及抢抓机会。

企业发展期，企业家精神表现为开疆拓土，在事务性运营方面的本质能力，这一时期需要抓住时机，形成企业家精神复制能力。

企业成熟期，企业家精神表现为坚定战略主张（聚焦、拓展或差异）、拓展战略空间、支撑战略环境的构建"穿窿"的能力，这期间需要锤炼使企业迈向愿景引领型组织的能力。

企业衰退期，企业家精神表现为业务异质同构、重塑企业精神、改变流程行为的魄力和韧性，回归商业本质、回归企业初心成为企业涅槃重生的关键。

二、以组织理性迈向愿景引领型组织

1. 从企业家精神迈向组织理性

究竟什么才是引领企业发展的根本？是企业家精神吗？

我们常常有相似的体验，企业家在面试一个人时，不说话，抬头一打眼，心里已经有了判断。这是依赖直觉的判断。企业家比普通人更能洞察本质、把握本质，企业家精神是人的行为的本质体现，也是建立在直觉思维基础上的。我们常说的"铁打的营盘，流水的兵"，就是直觉思维的产物。

而直觉思维有着人性的弱点。曾经，一个经济学家和心理学家联合用猴子做实验，猴子最喜欢吃水果卷，顿顿沉迷于此，对于旁边放置的补充营养的其他食物一概不理，最后营养不良。这说明，人们只想得到他们想要的，而不是真正需要的东西。据此，理查德泰勒创立了行为经济学，建立了理性人假设，因为人们心中都有一只"猴子"，人们的行为通常是短期而且冲动的，需要有长期规划、强大的自我控制力和适时止损的能力。

创始人驱动的文化能否建立起长期可持续的团队，通过组织来延续生命、超越生命，使公司进入下一个价值创造阶段，这极其关键。企业家精神同样如此，需要循序渐进通过企业家精神的复制，建立起真正的组织理性，以对抗强大而顽固的直觉思维。因为就像消费者并不会总是做出对自己有利的选择一样，企业家也并不会总是做出对自己有利的选择。

2. 迈向愿景引领型组织

为什么要迈向愿景引领型组织？因为引导公司向前走的是愿景和方向。用"愿景"而非"战略"，是因为文化是目前可用的领导机制中最强有力的。

愿景是什么？就是一个组织要走向什么方向，走到哪里。企业若没有愿景，就像在一个没有终点的跑道上赛跑，不知道自己到底要追求什么。

愿景可以迭代，也可以精粹。时代呼唤愿景引领型组织。随着消费互联网走向产业互联网，大数据、人工智能、智能终端重构实体经济产业链，产业边界进一步打开，跨界、融合成为常态，组织必须开放，构建外向型组织、共享型组织，企业愿景目标更为重要。

愿景引领，需要企业以新的理念、新的组织业态、组织方式，驱动新的经济增长动力。我认为：

$$真正志存高远的企业 = 阶段性的愿景引领 + 时间$$

时间是一个长期变量因素，必须在更长的时间线上看待企业的初心、阶段性的大企业病、"成功综合征"甚至危机。

三、愿景引领型组织建设模型

一家企业以企业家精神为原点，以能力为半径，以组织为延长线，以时间为轴，螺旋式上升发展实现企业愿景，以愿景为顶点，就形成了一个简易的企业愿景引领型组织建设模型（见图10-1）。

该模型诠释如下：

企业家精神是原点，是企业事业的驱动力。

从企业家精神到实现愿景的距离，是时间的距离。

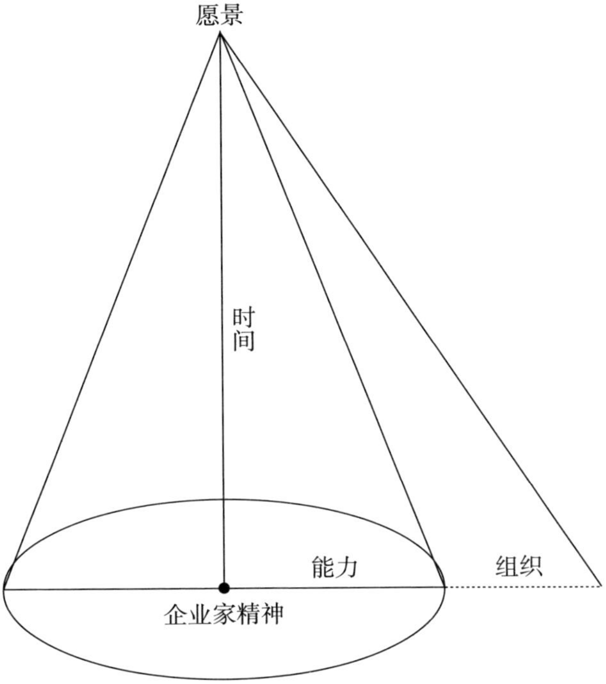

图10-1　企业愿景引领型组织建设模型

一个组织的能力有多大，企业的边界就会有多大。

以愿景为顶点、能力为半径，"愿景+能力"共同构成组织能量场。就如王明夫先生在《我相信》中所讲："因为相信人生如睡莲的真谛，花的盛开源自水底下的根本，所以我说修炼底蕴的厚度才能走出生命的高度。"

企业家精神的原点内驱力越强，企业的能力就越突出；企业的生命线越长，企业能量场就越大，越有影响力。

企业家精神是一种"我相信"的力量，和为客户创造价值有关，和实现梦想、理想信念有关，和初心有关，也和时间的持久度有关。

企业的能力有高下，组织有大小，但只要企业家精神不崩坏，能经受住时间的长久考验，企业的能量体就会有生命力。就怕企业家精神中途被蒙蔽或产生了动摇，企业的问题就会显现，"打倒你的往往不是最远的路，而是脚下鞋里的小石头"。

1. 愿景：构建未来蓝图

（1）构建未来蓝图的必要性

破圈战略面临着"业务拉长，文化归核"，需要重塑鲜明而强有力的企业文化。换言之，破圈战略需要以同一文化来促进各种观念的相互连接、贯通。

从历史经验看，任何一个组织试图通过建立复杂的规章制度来控制员工的行动，都会不可避免地走向失败。而实践证明，以企业家精神为原点，以愿景为引领是比建立规章制度更有力的方法。

建设企业愿景引领型组织，要先从构建未来蓝图开始。

组织需要蓝图，个人也需要蓝图。基于欲望的所有收获，都没办法真正带我们走出生命里的困境。企业需要蓝图对治时势的不确定性，在各层级员工中形成确定感。伯特兰·罗素说："人们想要的并非知识，而是确定感。"

蓝图本身是一种策略，便于企业掌控复杂性，驾驭全局，使目标更具体，动作更协同。

（2）构建未来蓝图的有效方法

第一，企业愿景常常源于一个人，而不是由公司所有人进行头脑风暴得出来的。领导者必须是一个造梦大师，这幅图景往往是在领导者独特的视角下长时间琢磨出来的，直到被许多人分享。

第二，让员工参与。让员工树立长期责任感的最有效方法就是立足长远思考问题。而达到这一目标最好的办法是让其参与构想一幅高瞻远瞩的未来图景。

第三，员工参与要分层。基于关注点不同，高层、中层和基层要分开。

第四，宣传推广要和部门工作相关联。企业家应该亲自向各层级人员宣传这幅激动人心的蓝图，促使员工脑海中也形成类似的图景。最重要的一点是通过可落地的举措，将各部门的日常工作与此关联起来，使得这幅图景切合实际，可摸得到。另外，要向组织中的人了解对这幅图景实现途径的建议。

第五，奖励值得鼓励的具体行为。如果企业想引导员工学习某种行为，就需要奖励实施了该种行为的人。

第六，善用"二八定律"。优秀的企业，员工中至少有20%会选择信任企业家，并带动其余80%的员工跟上企业家的步伐。

2. 能力：破圈战略的变革领导力

一个人要在工作场所度过大约人生1/4的时间，所以领导力的核心就在于创造个人对群体的认同感和依恋感。破圈战略的变革领导力，要将建设共同价值观作为基本激励机制。

（1）建设共同价值观

建设共同价值观，这样的激励机制更为有效。

第一，多维领导机制需要领导者的多维思考，需要自我鞭策，需要"此身虽瘦，以肥天下"的大无畏精神和魄力。

第二，善用镜像神经元，促进观点的交流。马修·利伯曼发现了镜像神经元，证实了感知和动作并不是两种神经元，而是发生在同一种神经元上。

迪士尼如何生动地传达出公司的愿景"为全世界的人制造快乐"？迪士尼乐园中的卡通人物都是真人装扮的，这要求新员工入职培训的时候，必须从意识中将自己代入角色，谙熟每个角色背后的故事，像主人一样招待来自世界各地的游客，务求使游客游园的每一分钟都能感受到快乐。而员工在给游客带来快乐的同时，自己也能从中找到存在的价值。

第三，挖掘客户的潜在需求。飞利浦为了解客户在生活环境中如何使用产品并传播其科技创新理念，搭建了一个完全透明的玻璃墙二层楼"未来之屋"。在挖掘客户的潜在需求方面，没有想不到，只有做不到。

（2）破圈战略的变革领导力

贝恩合伙人大卫·米歇尔斯、凯文·墨菲在《哈佛商业评论》刊登了一篇文章《你的公司在变革中有多强？》。文中设计了一套系统方法，帮助管理人员衡量和改善公司的变革能力。其研究成果和破圈战略如出一辙：制定领导变革所必需的目标（指导决策并激励行动），厘清方向（厘清公司要去何方、怎么去）和建立联系（建立影响力人士和粉丝网络）。

这是简单直接的策略，也是变革时期领导力的体现。

破圈战略所强调的愿景驱动型组织，就是确定了愿景目标，并以最直接、最快、最强有力的方式传递给你的直线下属，达成战略共识；就是要将企业家精神批量地印到团队领导者的脑子里，形成精神印迹。精神复制的过程不是空喊口号，而是分解出目标所涉及的方向性问题，协同团队管理层一条条细化并落实待办事项，形成足以涵盖复杂变化的系统内外部事项清单。

3. 组织：复杂性在于组织，而不在于规则

（1）"洞察感知+简单的规则"

洞察要深刻。华为提出以奋斗者为本，讲究20万奋斗者的合作精神。

规则要简单。如何团结华为20多万的知识分子？任正非有一套简单的规则——用人"四砍"：砍掉高层的"手和脚"、砍掉中层的"屁股"、砍掉基层员工的"脑袋"。

例如，任正非曾经给华为某些干部送皮鞋，原因在于这些干部不愿下现场和一线，于是年底评价依据就是看谁的鞋底磨损得快；再比如，公司将员工区分为奋斗者和劳动者，将晋升、薪酬、奖金、配股、成长机会等利益分配向奋斗者大幅倾斜，让奋斗者得到合理的回报。[①]

（2）秩序自己显现，而非事先计划好

米其林创始人爱德华·米其林致力于为人们提供出行体验、智能服务。他的方法在这句名言里：不要以貌取人，打破岩层，就能找到藏在里面的钻石。他相信每一个人都是独一无二的，并将其上升为公司的核心价值。公司文化价值的宗旨是引领进步之道，为很好地赋能公司里的所有人，他创造出一个模型——"ICARE"领导力模型，以将目标整合到每个人的行动中。

Inspiring：领导者树立榜样，激励团队发展技能，促进参与。

Create Trust：通过共享信息和使命，帮助团队制定共同行动方针，从而建立信任。

Awareness：自省、自我评估能力和谦逊是重要的领导力元素。

Result：对结果负责，将集体绩效作为公司团结一致的黏合剂。

Empowerment：对团队成员充满信心，鼓励他们在不违反公司规定的前提下自主行动，承担风险并解决问题。

（3）敏捷学习

经济形势低迷的时候，正是潜心修炼用功的时候。这时，注重内部学习、提升，磨炼基本功，就显得尤为重要。

（4）独特组合的惊人潜能

在眼光对外的过程中，破圈战略下的愿景引领型组织的"愿景"

---

① 参考黄继伟：《华为内训》，中国友谊出版公司2016年出版。

已经不局限于公司愿景，而是生态愿景。

生态愿景面对的价值链不仅是企业内部的价值链，还是"扩张链条柔性"中所讲的，要对外链接供应链、客户链和服务链，构建开放有序的平台规则，纳入多个相关协作主体，形成"内外链接、双重嵌入"的环形链式结构。

因此，生态愿景要凝聚的是公司的内外部力量。换言之，破圈战略下的愿景引领型组织要凝聚客户以及潜在合作伙伴。这需要企业放弃小我，放大格局。

具体讲，破圈战略下的愿景引领型组织需要激发产业生态内独特组合的惊人潜能。核心有两点。

一是建立平台机制。企业要制定一个基石性的规则，在这条规则下，所有生态成员就有了可依据的轨道。例如和君的"一九机制"，规定了和君集团的所有合伙人团队和公司的分配原则，是基本的利益机制，在此规则下形成一个有利于汇集八方资源、共创价值的蓝图。

二是各种组合潜能如瀑布流般涌现，而非人为的构建式爆发。符合规则的团队、模式将会得到鼓励，得到更多资源。由于平台的模范激励效应，平台内的各种资源也会自动汇集，更利于被鼓励的团队、模式在组织内竞争中胜出。

4. 时间：给时间以价值

给时间以价值。只有以企业家精神为原点，让时间直线通往企业的愿景，时间才有价值。

哈尔·R.范里安是一位著名学者。在事业如日中天之际，他却转变了轨道，到谷歌当了一名首席经济学家。他说，无论是商业产品，还是人与人的相处，要把好的东西带给他人，最好的方式是陪着他一起成长。这就是他对时间价值的定义。

星巴克50余年专注于再传统不过的咖啡产业。其创始人舒尔茨"将心注入"，他说，我们真诚地致力于发展顾客，决不在道德标准上做任何妥协或者完全向利润看齐。星巴克对咖啡品质要求非常高，只采用品质最优的阿拉比卡咖啡豆。在全球咖啡豆翻倍涨价的1994年，有人建议干脆购买便宜的咖啡豆，因为90%的人是喝不出差别的。但是，舒尔茨说不能这么干，能喝出来的那10%恰恰就是星巴克的核心客户。这是给时间以价值的例子。

四、愿力人生：愿景扭曲力场

最后谈谈愿力。

李嘉诚说："道力之限，要靠愿力突破。"愿力，非物理上的人力或机械之力所限，它是来自心力的人生巨大的精神动力。愿力人生，在一定限度内可以影响和改变事物，造就不可思议的伟力。

这是一种对某种信念或愿景纯粹的专注力和执行力。路遥说，只有初恋般的热情和宗教般的意志，人才有可能成就某种事业。一个人有了巨大的人生愿力，就会产生当下动力，就具有了乔布斯所说的"现实扭曲力场"，就没有过不去的障碍。

一个人的愿力可以有多大？

你见过一个人怀揣着诠释全世界的野心，把自己的一生炼进一本书里吗？美国人威尔·杜兰特就是这样的人，从44岁开始，发了大愿，立志把深奥的哲学从象牙塔里解放出来，让历史、哲学走进普通人的生活中。接下来的46年，他燃烧了自己的生命，把整个人类文明史倾注成了一本书——《世界文明史》。

《世界文明史》全书约1500万字，被誉为"20世纪的《史记》，人类文明的《离骚》"。没有雄心的人，不可能50年孜孜如一日，没有使命在身，也不可能发这样的大愿。写作这部书的行为本身，就是一种与天地偕行的愿力。

和君教育小镇也是愿力人生的绝佳体现。在此之前，没有人会想到，一家管理咨询机构会跑到赣南的深山老林里去建一个小镇和一所学校。大家知道，管理咨询作为智业机构，是隐在客户身后的"士"，是为客户提供经营管理方案的"师"，在经济规模上是非常轻量级的。走到前台，自己去建一座小镇，已经让人觉得不可思议。不是在城市圈内、在生活工作交通便利之地去创建，而是深入山区乡村，这更会让人感到匪夷所思。

但怀揣着"居一隅而怀全球、远喧嚣而拥潮流、极静穆而满峥嵘"的美丽中国的小镇样本形态的愿力，王明夫先生以一己之力，在江西省会昌县白鹅峡的贡江河湾和森林山谷里，开始了肩扛担挑、修路筑屋，让愿景成真的生活。一连串的数字就这样诞生了：和君教育小镇于2017年8月选址，2018年5月开工，一年半（2019年年底）建成一期的耕读村，二年（2020年6月）小镇正式开张，2020年年底获评省级特色小镇，三年（2021年）又办起了一所学校，即和君职业学院。一座以教育为本、天人合一、宜居宜业、循环经济、教产双荣的生态文明样本镇，在这片广袤的原始森林和竹海里，正在拔地而起，欣欣向荣。这就是愿力人生的力量。

卢梭说："人生而自由，却无往不在枷锁之中。"所以，执心中剑，破心中贼，破圈成长，看更远的风景，迈向更广阔的世界吧！